LA MEDITACIÓN

Otra manera de afrontar tus problemas

Isidro Gordi

Ediciones Amara. Ciutadella de Menorca

Ediciones Amara. Ciutadella de Menorca

Publicado por vez primera en 2007
por Ediciones Amara

2007 © Por Isidro Gordi
2007 © Por Ediciones Amara

Diseño de la portada: © Federica Mahieu

Impreso en España Printed in Spain
Todos los derechos reservados.
Prohibida su reproducción sin permiso del editor.
ISBN: 978-84-95094-23-0
Depósito Legal: B. 8.086-2007
Romargraf, S.A
L'Hospitalet de Llobregat

Contenido

Agradecimientos del Traductor   5

Primera parte: Prácticas básicas   7
El propósito de la enseñanza budista   9
La naturaleza de buda 14
El arte de escuchar. 18
La respiración en nueve rondas 24
La muerte 28
Buda y Dios 31
La ley del karma:Los actos y sus consecuencias 35
El samsara y la renuncia. 40
Refugio ante el dolor. 45

**Segunda parte: Las cuatro nobles verdades y los
dieciséis aspectos** 49
Introducción 51
Las cuatro nobles verdades. 56
La noble verdad del sufrimiento 58
La noble verdad del origen 62
La noble verdad de la cesación. 65
La noble verdad del sendero 67
Los cuatro aspectos de la verdad del sufrimiento 68
Los cuatro aspectos de la verdad del origen 74
Los cuatro aspectos de la verdad de la cesación 76
Los cuatro aspectos de la verdad del sendero 78

Tercera parte: Transformación y motivación 81
Transformación de la mente 83
La motivación 88

Agradecimientos del Autor

Me siento gratamente obligado a destacar la ayuda que me han prestado Antón Gispert, Lidia Vidal y Elena Almirall que han aportado valiosas sugerencias para mejorar este libro.

La luz de la portada viene, como siempre, de la luz interior de Federica Mahieu, excelente pintora de tangkas tibetanas (solicitar información a Ediciones Amara).

Isidro Gordi
Noviembre 2006
Son Gall. Ciutadella de Menorca

Primera parte

Prácticas básicas

El propósito de la enseñanza budista

Sakyamuni Buda mostró su enseñanza o Dharma con el fin de pacificar el malestar y el dolor de los seres. Él se dio cuenta de que las emociones aflictivas que se desarrollan en nuestro interior son la causa de toda insatisfacción. Su enseñanza es un instrumento para adiestrar la mente, eliminar la inquietud y el desasosiego que la alteran, y procurarnos paz y serenidad.

Según Buda, nos encontramos en una situación de carencia de libertad porque las emociones aflictivas controlan nuestra mente, decidiendo e imponiendo su criterio. Cada vez que sentimos aversión, apego, enfado, envidia, resentimiento, ira, orgullo y otras emociones más sutiles, comprobamos que esta afirmación encaja con lo que experimentamos.

A causa de las emociones aflictivas creamos actos negativos –cuya consecuencia es que, tarde o temprano, nos encontramos con experiencias desagradables–, pero impulsados por la ignorancia creamos también actos positivos[1] –cuya consecuencia es que, tarde o temprano, experimentamos felicidad en el samsara[2]–.

Suelo traducir el término tibetano *nyo mo* como "emoción aflictiva", un factor mental que nos irrita, nos hace sufrir, y

---

1. Según la filosofía budista, la mayoría de los actos virtuosos que cometemos son impulsados por una mala interpretación de la verdadera naturaleza del yo y del resto de fenómenos, por este motivo no propician la liberación sino solo felicidad temporal.
2. Samsara. Ciclo de vida insatisfactoria. Una explicación más extensa aparecerá en los próximos capítulos.

nos engaña obligándonos a exagerar la realidad. Cualquier emoción aflictiva altera nuestras percepciones y nos impulsa a actuar de manera errónea. Su función es confundirnos y crear tensión.

Si, por ejemplo, nos encontramos bajo la influencia de un fuerte enfado, nos sentimos mal y vemos a quien lo ha provocado como una persona desagradable. Estamos convencidos de que esta imagen deformada no tiene nada que ver con nuestro enfado. Acto seguido, al habernos basado en una ficción de nuestra imaginación, actuamos de modo erróneo. Esta "desagradabilidad", por decirlo de algún modo, no es una cualidad inherente a la persona en cuestión aunque parece que emane de ella.

Una gran parte de la enseñanza budista expone razonamientos diversos para demostrarnos que no existe, en el universo, ningún fenómeno o ser que tenga existencia inherente.

"Existencia inherente" es un término clave que aparece en las enseñanzas budistas y se refiere a un fenómeno que existe por sí mismo, sin depender de causas o condiciones. Si las emociones aflictivas existieran de forma inherente, nunca se podrían eliminar. No obstante, puesto que no existen de este modo sino que dependen de causas y condiciones, pueden ser erradicadas. Este logro no se consigue aplicando métodos externos sino poniendo en práctica el Dharma. Este es el mensaje esperanzador que nos legó el Buda.

En general, aunque la persona consta de cuerpo y mente, esta última es la encargada de pensar y sentir. Creemos que la mente y el cerebro son lo mismo, sin embargo existen diferentes niveles de mente; algunos de ellos están estrechamente vinculados con el cerebro, otros lo están con diferentes partes del cuerpo. A estos últimos, el budismo los clasifica como mentes burdas porque dependen de los sentidos: visual, auditivo, gustativo, olfativo y táctil. Pero también existe un nivel de mente muy sutil que reside en el *chakra*[3]

---

3. Chakra: centro de energía (localizado en diferentes puntos del cuerpo)

del corazón y que no depende de los sentidos físicos, nos acompaña desde tiempo sin principio y seguirá eternamente. Muchos textos budistas denominan a este nivel, la "raíz del samsara y el Nirvana".

"Raíz del samsara y el Nirvana" puede parecer un término extraño, pero lo que da a entender es que si dejamos nuestra mente tal como funciona en el presente, seguiremos controlados por las emociones aflictivas, mientras que si la sumergimos en la práctica del Dharma, las eliminaremos, obteniendo así el Nirvana.

Una transformación de esta magnitud es posible porque aunque las emociones aflictivas oscurecen la mente muy sutil, no son parte intrínseca de ella. Un ejemplo, que revela la relación entre las emociones aflictivas y la mente muy sutil, es la suciedad que cubre una bombilla y oscurece su luz —la suciedad puede eliminarse porque no es lo mismo que la luz—. De la misma manera, si empleamos los antídotos correctos, podremos eliminar las emociones aflictivas y hacer que brille la verdadera naturaleza de la mente.

La función del Dharma es purificar la mente y llevarla a la Iluminación. El mensaje de Buda es que *ahora mismo* ya poseemos el componente que puede transformaros en un ser Iluminado: la naturaleza de buda.

La enseñanza del Buda es una guía que describe los pasos exactos a dar, así como las experiencias que se van obteniendo hasta llegar a la Iluminación. Tiene más de dos mil quinientos años de historia y aún está disponible hoy en día, pura e intacta. Para experimentar sus resultados es vital saber que Buda es un Maestro válido. Para ello, es preciso estudiar y analizar su enseñanza haciendo uso de la razón. El mismo Buda dejó dicho a sus discípulos que:

Los monjes y los eruditos deberían evaluar mi
enseñanza igual que se analiza el oro, utilizando
técnicas como derretir, refinar y pulir,
y sólo adoptarla una vez convencidos de ella,
no por mostrarme respeto.

Antiguamente, en la India, había muchas maneras de hacer pasar por oro lo que no lo era y, para evitar el fraude, el posible comprador usaba medios especiales con los que derretir, refinar y pulir la pieza para detectar un posible engaño.

Las palabras de este verso son especialmente relevantes en el mundo occidental. Nos enseñan que no es aconsejable ni efectivo seguir un sendero de desarrollo interior en base a creencias inadecuadas y dogmáticas. Es preciso hacer uso de la inteligencia y el sentido común; el mismo Sócrates decía que una vida sin reflexión era una vida desperdiciada. Seguir la forma de vida budista no consiste tanto en despertar fe como en despertar comprensión.

Buda aconsejaba no creer en algo *únicamente* por el carisma o el respeto que podamos profesar hacia una persona. Resulta curioso que el fundador de una religión anime, a sus seguidores, a no aceptar ni creer ciegamente en sus palabras.

El primer paso para convencernos de que una enseñanza es efectiva y veraz es examinar si coincide con nuestra experiencia de la realidad. En caso de que no lo haga, el segundo paso sería analizarla de manera lógica. Por último, si la lógica y la razón no son suficientes, tampoco rechazaremos dicha enseñanza si proviene de alguien que sabemos que es infalible e incapaz de mentir.

Las Cuatro Nobles Verdades[4] conforman la primera enseñanza que impartió Buda. La primera noble verdad es la del sufrimiento. Aunque hay niveles de dolor, más o menos obvios, si pensamos bien en ello constataremos que dicha enseñanza *no contradice nuestra experiencia directa*. Todos vemos el dolor que produce enfermar, envejecer, morir, separarse de lo agradable y enfrentarse a lo desagradable, la incertidumbre, la insatisfacción, etc.

La segunda noble verdad trata de las causas del sufrimiento: las emociones aflictivas y el karma. En cierto sentido,

---

4. Una explicación más detallada aparece en la segunda parte de este libro.

esta afirmación *no contradice la experiencia derivada del uso de la razón*. Todos sabemos que cuando experimentamos odio, envidia u otras emociones aflictivas, actuamos mal y sufrimos. No obstante, algunas instrucciones relativas a esta noble verdad, en particular la relación entre los actos pasados y nuestras experiencias presentes, no se puede constatar mediante la experiencia directa ni por medio de la razón. En este caso, la aceptamos porque estamos convencidos de la autoridad de Buda al afirmar la veracidad de aspectos de la realidad que, de momento, no resultan obvios a nuestros sentidos ni a nuestra sabiduría actual[5].

Aunque las dos últimas nobles verdades –el fin del sufrimiento y el sendero que dirige hacia el Nirvana– no pueden ser percibidas directamente, tampoco contradicen la razón: si las emociones aflictivas surgen y desaparecen dependiendo de causas, lo mismo puede suceder con la experiencia del Nirvana. Si un estado mental o una situación específica dependen de causas, esto puede cambiarse alterando o eliminando dichas causas.

Un sendero espiritual debería ayudarnos:

1. A eliminar cualidades negativas
2. A desarrollar armonía interna
3. A no perjudicar a los demás
4. A ayudar a los demás.

El propósito de estudiar el budismo es conocerse uno mismo. Tales, un filósofo griego de la antigüedad, decía que dar consejos a los demás es muy fácil y que, en cambio, conocerse a uno mismo es lo más difícil. A este gran filósofo se le atribuye la paternidad de aquella sentencia grabada en el oráculo de Delfos: *Conócete a ti mismo.* Así pues, en realidad, lo que persigue el budismo no es tan diferente de la búsqueda filosófica que emprendieron los sabios de nuestro mundo clásico.

---

5. Se refiere a aspectos de la realidad como la continuidad de la consciencia o reencarnación, la ley de los actos y sus resultados, la transitoriedad sutil, la vacuidad y otros.

La naturaleza de buda

Uno de los primeros pasos en el sendero hacia la serenidad es apreciar el valor y rareza tanto de nuestro cuerpo como de nuestra mente. En este sentido el gran Lama tibetano Je Tsong Khapa (1357–1419) decía que son la posesión más preciada, como una gema que concede todos los deseos. Deberíamos ser conscientes de cuán afortunados somos. Gozamos de un potencial especial denominado "naturaleza de buda", consistente en la capacidad de llegar a la Iluminación. Dicho potencial está escondido en lo profundo de nuestro ser, y para que despliegue todo su brillo y esplendor es preciso superar diversos impedimentos.

La *pobreza* es una de las dificultades que impide poder desarrollar la naturaleza de buda. Ser extremadamente pobres nos impide seguir una práctica continuada. No obstante, la pobreza a la que se refiere no es únicamente la material sino también la mental, es decir, carecer de los recursos necesarios para conseguir la Iluminación: la atención, la fe, la concentración, el esfuerzo, la sabiduría y la generosidad, entre otros. El estudio y práctica del budismo mejora todas estas cualidades.

Otro obstáculo es *lo acostumbrados que estamos a generar emociones aflictivas.* Aunque éstas son ilimitadas suelen clasificarse en seis: ignorancia, apego, odio, orgullo, duda, y visiones erróneas.

Por culpa de la ignorancia, por ejemplo, vivimos nuestra vida sin saber que nuestros actos producen resultados, tanto en nuestro interior como en el mundo que nos rodea.

Cuando surge el enfado y la aversión, nos vemos apartados del amor y la compasión. Si somos víctimas del apego, nos resulta difícil ser generosos y no sentir envidia. Bajo el influjo del orgullo nos alejamos de los demás porque creemos que nadie está a nuestra altura. Con la duda, estamos entre dos aguas, paralizados e incapaces de tomar decisión alguna. Por culpa de las visiones erróneas, tenemos una idea distorsionada de lo que somos, y no nos creeremos capaces de eliminar las emociones aflictivas.

Un principio esencial del budismo es que, si la naturaleza de buda se libera de emociones aflictivas, nos transformamos en un ser Iluminado. Cada día, al levantarnos, deberíamos recordar esta visión optimista de la existencia.

Para ilustrar la relación entre la naturaleza de buda y las emociones aflictivas, el bodhisatva Maitreya dio el ejemplo de la miel y las abejas. Si queremos degustar la miel, es preciso ser muy hábiles apartando las abejas que la recubren; del mismo modo, para que la naturaleza de buda brille, debemos eliminar las emociones aflictivas.

El primer paso para disminuir la fuerza de cualquier emoción aflictiva es *identificarla y darse cuenta de sus desventajas.* Maitreya decía que las emociones aflictivas nos perjudican a nosotros mismos y a los demás, hacen disminuir nuestras cualidades, empeoran nuestro comportamiento y nos hacen sufrir. Por ejemplo, cuando estamos dominados por un fuerte enfado, nos resulta difícil dormir, nos sentimos inquietos, las personas que nos rodean se sienten incómodas, se asustan, nuestro rostro se afea e incluso la comida pierde su sabor habitual.

Es importante distinguir entre la naturaleza de buda *natural* y la naturaleza de buda *desarrollada.* La primera existe desde el sin principio en cada uno de nosotros y se refiere al potencial, siempre presente, de transformarnos en un ser Iluminado. La segunda hace referencia al efecto de nuestra práctica sobre la naturaleza de buda natural. Si la semilla de un árbol tiene suficiente agua, fertilizante y calor, crecerá sin parar. Del mismo modo, cuando la naturaleza de buda es alimentada con la sabiduría de escuchar, contemplar y meditar en la enseñanza, crece hasta transformarnos en un ser Iluminado.

Nos deberíamos formular la siguiente pregunta: "¿estamos desarrollando la naturaleza de buda o, por el contrario, permitimos que siga en su estado de subdesarrollo actual?"

Creer que nuestro cuerpo y mente carecen de trascendencia alguna sería justificable si no la tuviesen pero si, como afirma Buda, la tienen, entonces estamos desperdiciando una preciosa oportunidad. El tiempo pasa velozmente y, si no lo usamos para aprovechar al máximo nuestra vida, moriremos con pesar. El filósofo estoico Séneca dijo en *De la Brevedad de la Vida*.

Es larga la vida, si de ella sabes hacer buen uso.

¿De qué modo desperdiciamos nuestro potencial? El mismo Séneca nos responde diciendo que:

A uno, insaciable avaricia le señorea; a otro, hacendosa diligencia en tareas inútiles; uno rezuma de vino; el otro languidece en la inercia; fatiga a un tercero la ambición; a un cuarto, la temeraria codicia de un negocio que con el sueño de la ganancia le lleva por todas las tierras y todos los mares. A algunos atormenta el prurito de las batallas y nunca cesan de preparar peligros ajenos. A muchos abrevió la vida la envidia de la fortuna ajena; los más, sin objetivo fijo, ajetreados van de aquí para allá en proyectos siempre nuevos. A muchos no les agrada ninguna dirección que puedan dar a su vida. En realidad somos sobrada y equivocadamente generosos repartiendo por doquier el precioso tiempo de nuestra vida.

Existe una dimensión paralela en nuestro interior que podemos explorar y explotar para bien, pero nos hemos de poner manos a la obra de inmediato porque la vida es breve, tal como nos recuerda este mismo filósofo:

Nunca deberíais vivir la vida como si tuvierais que vivir siempre; nunca os viene a las mientes la idea de vuestra fragilidad.

Hay dos hechos que nos pueden ayudar a aceptar la posibilidad de alcanzar la Iluminación. El primero es *la transitoriedad* de las cosas: nada permanece estable ni un instante. En este sentido, creer que las emociones aflictivas estarán *permanentemente* con nosotros es un error porque, al no ser fenómenos estáticos, pueden erradicarse.

El segundo es *la fuerza de los contrarios*. Cada emoción aflictiva tiene su antídoto. El oponente del odio es el amor, la compasión; del apego, el deseo sabio y la renuncia; y el de la ignorancia, la sabiduría. A medida que las emociones positivas se ven fortalecidas, las emociones aflictivas tienden a desaparecer de nuestro interior, creando así una vida más feliz.

El gran filósofo, Shantideva (685-763) dijo a este respecto en su famosa *Guía a la forma de vida del Bodhisatva*:

Cuando los enemigos ordinarios son desterrados, se establecen en otro lugar para recuperar fuerzas y regresar, pero en lo que respecta a mi enemigo principal, las emociones aflictivas, es diferente.

Cuando las emociones aflictivas sean apagadas de mi mente por el ojo de la sabiduría ¿adónde irán?, ¿desde dónde vendrán para volver a perjudicarme?

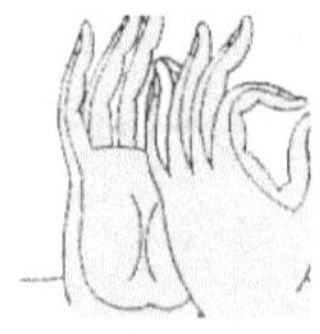

El arte de escuchar

Creer que la meditación consiste en detener la mente, eliminar todo tipo de pensamiento, relajarnos o tener clarividencia, nos impedirá gozar de muchos de los beneficios que conlleva. Nuestro propósito es poder transformar la mente negativa en positiva ante cualquier circunstancia adversa de la vida cotidiana. Para ello, en primer lugar, se escucha y estudia la enseñanza; después, se analiza y contempla para, finalmente, meditar en las conclusiones a las que lleguemos. Meditar sin haber estudiado y contemplado provoca errores y confusiones, siendo la causa de que pasen años sin obtener resultado alguno.

Analizar el tema en el que pretendemos meditar no es una actividad tan extraña. Antes de comprar un ordenador, comprobamos su calidad. En el caso de cometer un error y no elegirlo bien, el perjuicio no resultará ser muy serio, pero en lo relativo al sendero espiritual, nos jugamos la felicidad presente y futura. Un gran Maestro tibetano dejó dicho que:

> Meditar sin estudiar y contemplar es como intentar escalar una montaña sin brazos.

La práctica del budismo y la meditación no consiste en encerrarse en una habitación y cerrar los ojos, sino en trabajar con la mente para eliminar los pensamientos negativos y potenciar los positivos. Como ya se ha mencionado, la manera de progresar en el sendero espiritual no es por medio de la fe ciega sino haciendo uso de la mente racional.

Los textos budistas mencionan dos tipos de mentes válidas: la percepción directa y la inferencia. Un ejemplo de la primera sería cualquier *percepción* que observa los objetos de los sentidos sin estar influenciada por errores externos o internos. Ver un coche en la calle es una percepción válida; verlo doble, porque hemos bebido más de la cuenta, es una percepción errónea.

La *inferencia* es una mente conceptual que nos permite entender cosas que no son accesibles a los sentidos –como la reencarnación, la vacuidad, la transitoriedad sutil y otros–. La fe ciega, en cambio, es una mente que no es válida y que los textos budistas denominan, creencia correcta. Es la mera aceptación de estos mismos temas u otros, propios del budismo o de otra filosofía, *únicamente* por haberlo escuchado de alguien con quien simpatizamos, por haberlo leído en un libro sagrado o en uno que está de moda. Es una mente "correcta" porque su objeto –la transitoriedad, la vacuidad o la reencarnación– son objetos existentes, pero no es "válida" porque este estado mental carece de la fuerza que tiene la percepción directa o la inferencial.

La percepción directa nos permite contactar con la realidad sensorial de modo directo, la usamos constantemente. La inferencia nos permite ver, gracias al uso de un buen razonamiento, cosas que no son accesibles a los sentidos; también hacemos uso de ella en nuestra vida diaria.

Con la fe ciega *solo creemos* en algo sin haberlo experimentado directa o indirectamente. La función de todo sendero espiritual es hacer posible que las cosas en las que creemos se puedan percibir, primero gracias a la inferencia, y, después, de modo directo.

El proceso sería el siguiente: todos vivimos con la concepción errónea de que la realidad (incluyéndonos a nosotros mismos) es sólida y estática. Quizás un día leemos en un libro sagrado o escuchamos decir a un Maestro lo contrario: que la realidad es transitoria y flexible. En el caso de que nos lo creyéramos sin más, sería un ejemplo de creencia correcta. No obstante, dicha creencia no tiene poder para tocar nuestro espíritu. Aunque se trata de un estado positivo, podemos ir más allá. Para ello, analizamos las razones que avalan que las cosas son transitorias –por ejemplo, el hecho de ser producidas por otros factores–; este análisis producirá una inferencia: percibimos conceptualmente que la realidad es transitoria. Por primera vez, tenemos una comprensión que surge de la experiencia. Posteriormente, meditamos una y otra vez en este nuevo concepto correcto hasta llegar a despertar una experiencia directa de que somos transitorios. Este mismo proceso se puede aplicar a muchos de los temas del Dharma que no son evidentes a nuestra percepción ordinaria.

Por supuesto, atravesar este proceso transformador requiere que las cosas en las que creemos sean reales ya que, por mucho que queramos percibir directamente un *hobbit* o un unicornio, nunca lo lograremos porque se trata de meras ficciones.

Para conocer en profundidad el Dharma es necesario estar cerca de un auténtico Maestro, así como recibir comentarios de los textos más importantes. Éste ha sido el modo de aprender en la historia del budismo. Yo tuve la inmensa fortuna de estar muchos años al lado de un gran Maestro, el Ven. Gueshe Tamding Gytaso, traduciendo las enseñanzas más importantes que impartió durante su estancia en España y recibiendo muchas instrucciones personales, tanto de Sutra como de Tantra. Aunque no me jacto, en absoluto, de tener experiencia alguna de lo que me enseñó, sí tengo la certeza de que, gracias a él, recibí un tesoro de valor incalculable. Y esto no se consigue leyendo libros de budismo o memorizando citas. Por ello, no puedo dejar de animar a entablar una relación de este tipo con un auténtico Maestro.

La vida del gran yogui tibetano, Lama Tsong Khapa, se puede resumir en tres etapas. En primer lugar, escuchó y estudió extensamente los textos clásicos; en segundo lugar los contempló; finalmente meditó hasta llegar a su objetivo. Llegó a un punto en el que 1) no encontró contradicción alguna en las enseñanzas del Buda; 2) aprendió a utilizarlas según su necesidad, comprendiendo que todas son un consejo personal en el sendero a la Iluminación. Es maravilloso que su famoso *Lam Rim Chenmo* ya haya visto la luz en idiomas occidentales. El solía enaltecer la actividad de escuchar con estas palabras:

> Escuchar es una lámpara que elimina la oscuridad de la ignorancia, una riqueza suprema que ni ladrones ni nadie puede confiscar, un arma que elimina el enemigo de la ignorancia y el mejor consejero que enseña las formas adecuadas,un amigo estable incluso para quien cae en la desgracia, una medicina suave para el dolor de la pena, un ejército que tritura el poder de las faltas graves.
>
> También es fama, gloria y el mejor de todos los tesoros Cuando se encuentra con alguien noble, es un regalo excelente; en las reuniones, agrada a los sabios.

Escuchar y estudiar el Dharma es como una *lámpara* que nos capacita para discernir entre lo que es correcto o incorrecto; como una luz que elimina la oscuridad de la ignorancia y nos permite ver la realidad claramente. Cuanto más se estudia mejor se contempla, lo cual permite recibir rápidamente los frutos de nuestra meditación. Escuchar es la mejor de las *riquezas* ya que nadie nos puede confiscar la sabiduría adquirida de este modo. Nos proporciona la mejor *arma* para combatir al peor enemigo: nuestras aflicciones mentales. Escuchar es *un amigo* incorruptible que nos ayudará en todo momento. Es como *una medicina* carente de contraindicaciones. *Las faltas graves* se refieren a nuestros problemas físicos y mentales; escuchar nos ayuda a superarlos. Quien mucho escucha el Dharma tiene *fama* y *el mejor de todos los tesoros*. El mejor *regalo* que se dan los sabios es intercambiar su conocimiento.

Las enseñanzas del Dharma van dirigidas a cada uno de nosotros en particular; si creemos que su destino son las personas que nos caen mal, no nos resultarán beneficiosas. Las enseñanzas son como un espejo para ver nuestro estado interior; nunca para buscar argumentos con los que poder criticar a los demás. El propósito de usar el espejo del Dharma es poder ver mejor nuestros defectos y encontrar remedios para eliminarlos. El *Jakatamala* dice:

> Viendo el feo reflejo de mi conducta
> en el espejo del Dharma
> me siento muy molesto
> y ansío el Dharma.

Escuchar o leer el Dharma con la intención de encontrar algo novedoso y excitante es una motivación errónea que no produce ningún beneficio. Escuchar bien es el inicio de toda realización espiritual. Quizá pensemos que escuchar enseñanzas requiere tiempo o vivir como un monje, pero no es así. Según los Maestros kadampa, si practicamos Dharma en casa, con nuestra familia, es posible liberarse del samsara; si no practicamos Dharma, aunque estemos retirados en una cueva, no servirá de mucho.

Escuchar enseñanzas no es una actividad sencilla, es un arte y, como todo arte, requiere tiempo, paciencia, esfuerzo e inteligencia. Siempre que escuchamos o leemos enseñanzas, deberíamos eliminar tres obstáculos, que se asemejan a los defectos de un recipiente:

Evitar ser como un *recipiente sucio*. Un néctar excelente en una taza sucia pierde su calidad, lo mismo sucede si escuchamos enseñanzas con una mala motivación.

Evitar ser como un *recipiente boca abajo*. Tan absurdo es pretender verter néctar en una taza boca abajo, como escuchar o leer sin atención. Debemos de escuchar atentamente, cosa nada fácil ya que la mente suele distraerse con excesiva facilidad.

Evitar ser como un *recipiente con un agujero*. De poco nos servirá una taza agujereada; lo que introduzcamos en ella, se perderá. Si no sabemos mantener en nuestro interior el significado de lo escuchado, seremos como una taza agujereada. Shantideva en su *Guía a la forma de un Bodhisatva*, señala:

Igual que el agua no puede ser contenida en un recipiente resquebrajado, quien carece de atención no puede retener en la memoria lo que ha aprendido, contemplado y meditado.

La respiración en nueve rondas

Meditar es familiarizarse con estados mentales positivos. En los capítulos anteriores el lector habrá detectado líneas de pensamiento positivos; cada una de ellas es un objeto de reflexión. Tener algo en lo que meditar es vital. Por ello hay que escuchar previamente la enseñanza para tener un objeto en el que enfocar la mente.

Existen dos tipos de meditación: la analítica y la concentrada. En mi libro, *Una Guía para Meditar,* el lector encontrará una serie de pasos para desarrollar los dos tipos de meditación y entrar en contacto con la enseñanza budista básica.

Una buena meditación requiere una mente sosegada y atenta; esto, a su vez, depende de que adoptemos una correcta posición del cuerpo ya que, así, permitimos que los aires energéticos fluyan bien por los canales internos[6]. Los aires de energía, los canales y el cuerpo, son interdependientes. La posición que hemos de adoptar para la meditación consta de ocho puntos:

1. *Colocar las piernas en la posición del loto o semi loto.* También es correcto sentarse en una silla. En cualquier caso, la espalda debe estar recta. Las piernas cruzadas simbolizan dos elementos que nos conducen a la Iluminación: el método y la sabiduría. El "método" se refiere al amor y la compasión; la "sabiduría" es

---

6. Una explicación de cómo armonizar los aires, los canales y el cuerpo físico se encuentra en *El libro tibetano del yoga* de Gueshe Michael Roach, publicado por Ediciones Amara.

la mente que percibe la verdadera naturaleza de la realidad.

2. *La mano derecha se coloca encima de la izquierda, a la altura del ombligo.* Las puntas de los dedos pulgares se tocan suavemente, lo cual impide perder energía corporal. Este gesto o *mudra* simboliza la concentración y la liberación que surge de ella. Es la posición del equilibrio meditativo.

3. *La columna vertebral debe estar lo más recta posible.* La consciencia cabalga sobre los aires de energía y tener la espina dorsal recta permite que ellos se muevan sin impedimento por los canales internos, cosa que facilita la concentración.

4. *La boca, la mandíbula y la lengua deben estar relajadas.* La boca no debe estar ni abierta del todo ni completamente cerrada. La punta de la lengua ha de colocarse en la parte trasera de la raíz de los dientes superiores. Esto reduce la generación de saliva.

5. *La cabeza debe estar ligeramente inclinada hacia delante,* en su justa posición; si está demasiado caída produce somnolencia y si está demasiado levantada, distracción.

6. *Los ojos deben estar entreabiertos* y dirigidos hacia la punta de la nariz.

7. *Los hombros deben estar nivelados y los brazos relajados, sin que toquen el tronco.* Si lo hacen, producirá somnolencia.

8. *Concentrarse en la respiración.*

Mi Maestro, el Ven Gueshe Tamding Gyatso, me explicó una manera de tratar las diferentes distracciones que aparecen en la meditación: debemos considerar la mente como si fuese el mar y las distracciones como burbujas que ascienden a la superficie y desaparecen en ella. Aferrarse a las distracciones las alimenta y las perpetúa. Es mejor dejar que, de manera natural, se desvanezcan ya que las concepciones molestas enturbian la claridad de la mente.

La meditación en nueve rondas que se describe a continuación tiene la capacidad de eliminar distracciones además de usarse como práctica preliminar en avanzadas prácticas tántricas.

Una vez sentados en la postura de ocho puntos recién descrita, nos centramos en la respiración contando de la siguiente manera: inspiramos y espiramos tres veces por el orificio nasal derecho, tres por el orificio nasal izquierdo y tres más por ambos orificios. Al inspirar por el orificio nasal derecho, bloqueamos el izquierdo con el índice de la mano derecha. Cuando inspiramos por el izquierdo bloqueamos el orificio nasal derecho. Cuando inspiramos por ambos orificios, colocamos las manos en nuestro regazo, a la altura del ombligo, una encima de la otra.

En cada espiración podemos imaginar que todas las mentes negativas, las enfermedades y los obstáculos, salen al exterior y desaparecen en el espacio. En cada inspiración pensamos que toda la energía positiva y todas las bendiciones entran en nuestro interior.

Según la filosofía tántrica, el cuerpo está impregnado por setenta y dos mil canales diferentes, siendo todos ellos ramificaciones de los tres canales principales: el central, el de la derecha y el de la izquierda. El más importante es el canal central. En las personas ordinarias, los aires de energía sólo fluyen por los canales laterales, no lo hacen por el central porque éste se encuentra bloqueado a causa de nudos formados en los denominados "chakras".

El Tantra Superior[7] tiene dos niveles: el estado de generación y el estado de consumación. La razón por la que se practica este último, es para desatar dichos nudos y lograr que los aires penetren, permanezcan y se disuelvan en el canal central. Una vez logrado, el practicante alcanza la Iluminación en esa misma vida. No obstante, para practicar el estado de consumación es imprescindible haber practica-

---

7. Información sobre este nivel de Tantra se encuentra en libros como, *La Dama del Espacio*, *El yoga del Guru*, *La Energía Femenina del Tantra* y *Amanecer de la Iluminación*. (publicados por Ediciones Amara).

do el estado de generación, que implica identificarse con una Deidad. Y, para ello, es indispensable dominar el sendero del Sutra, cuya esencia es el desapego, que proviene de la renuncia; la mente altruista, producida por la bodhichita; y la visión correcta, despertada por la sabiduría. Sin tener una experiencia en estos tres, ni el estado de generación ni el de consumación van a ser efectivos; pretender que lo sean denota una gran falta de conocimiento de las enseñanzas.

De la misma manera que para construir una casa necesitamos buenos cimientos, para levantar la mansión de la Iluminación es preciso hacer preparativos –una profunda comprensión del budismo básico–. Sólo con esta base habrá resultados. Se habla mucho del Tantra como práctica que conduce a la Iluminación en una sola vida, pero olvidamos que la profundidad del Tantra depende de la calidad del practicante.

La muerte

Las enseñanzas budistas nos animan a ser conscientes de la muerte, a usarla como estímulo para practicar Dharma y para dejar de vivir como si nunca tuviéramos que morir. Aunque sabemos que el momento de la muerte es incierto, vivimos con el convencimiento de que todavía está muy lejos. Esta actitud errónea es conocida con el nombre de "aferramiento a la permanencia". Surge del temor que sentimos ante la muerte que proviene, principalmente, de dos causas: 1) desconocer lo que nos espera después de ella, y 2) tener que separarse de nuestro cuerpo, de los seres queridos y de los bienes.

A pesar de que, en las sociedades avanzadas, el promedio de vida pueda ser de unos setenta años, esto no garantiza que seas *tú* quien llegue a vivir hasta dicha edad. En realidad, cuando cumplas setenta años, pensarás en aquellos que llegan hasta los ochenta para convencerte de que la muerte sigue estando lejos, lo cual es una quimera. La vida es corta, y la muerte, casi siempre, llega en el instante más inesperado.

Desde el momento de nuestro nacimiento, nos estamos acercando a la muerte, y lo más lamentable es que desconocemos cuándo va a llegar. Hay muchas causas que pueden provocar la muerte y, puesto que en cualquier momento nos puede sorprender, es importante realizar prácticas virtuosas sin demora.

Los Gueshes kadampa de antaño daban tres analogías para explicar de qué modo se consume el tiempo de vida:

- *La corriente de un río*. Al igual que un río fluye ininterrumpidamente hasta desembocar en el océano, la vida desemboca en la muerte.
- *El agua de una catarata*. Cuando el agua ha descendido, no regresa a su lugar de origen. Del mismo modo, una vez consumido el tiempo de vida no lo vamos a poder reiniciar.
- *El animal al que llevan al matadero*. Al igual que la bestia se va acercando a su final con cada paso que da, cada instante consumido nos aproxima a la muerte.

Por medio del cuerpo nos relacionamos con nuestros familiares, amigos y bienes, y, puesto que al morir lo hemos de abandonar, todo lo relacionado con él se abandona definitivamente. La mente, en cambio, se lleva consigo las semillas kármicas, fruto de nuestros actos.

Quien viaja al más allá es uno mismo y, por tanto, es también uno mismo quien debe acumular las provisiones para emprender el último viaje de la vida. El gran yogui tibetano Milarepa[8] solía decir que la única provisión que nos podemos llevar a las vidas futuras es nuestra práctica de Dharma y que, en consecuencia, debemos ponernos manos a la obra de inmediato.

Cada acto que hacemos deja un rastro o semilla en la mente que determina lo que pensamos, lo que somos y lo que vivimos, en esta vida y en las futuras. Por ello, la mejor provisión que podemos hacer para viajar hacia el futuro es cargar nuestro continuo mental de semillas positivas y purificar, tanto como podamos, las negativas.

El gran erudito budista Shantideva[9] nos recuerda que los preparativos para afrontar la muerte deberían empezar

---

8. Milarepa (1040–1123) Gran yogui cuyas canciones espirituales están entre las más preciadas del budismo tibetano. Su Maestro fue Marpa, fundador de la escuela Kagyupa.

9. Shantideva (685–763) Gran erudito budista indio. Autor de la gran obra, *Guía a la forma de vida del bodhisatva* (bodhisatvacarayvatara) donde presenta las seis perfecciones que conducen a la Iluminación: generosidad, ética, paciencia, esfuerzo, concentración y sabiduría.

ahora mismo porque, el día en que nuestros familiares nos acompañarán al cementerio, será demasiado tarde para lamentarse.

No es buena idea posponer el momento de empezar la práctica del Dharma porque, en realidad, no sabemos el tiempo que nos queda de vida. El gran filósofo budista, Nagaryuna[10], decía que nuestra existencia es como la llama de una vela a la intemperie. Si en nuestra meditación usamos esta imagen, descubriremos lo que significa la fragilidad e incertidumbre de la vida.

Por último, podemos recitar el siguiente verso tal como han hecho grandes sabios budistas de todas las épocas:

La transitoriedad está en todas partes,
pero aún así estoy convencido de que las cosas durarán.
He llegado a las puertas de la vejez,
pero todavía pretendo estar en la flor de la juventud.
Bendíceme para que yo y los seres que están
Tan confundidos como yo
Podamos entender de verdad la transitoriedad

---

10. Nagaryuna. Maestro budista indio que vivió entre el primer y el segundo siglo después de Cristo. Expuso las enseñanzas del Camino Medio.

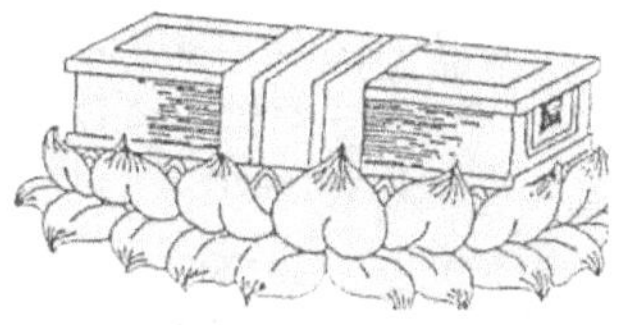

Buda y Dios

En la India de la época de Buda había escuelas filosóficas y religiosas que sostenían la existencia de un Dios estático y creador de un mundo transitorio. Es reconfortante creer en un ser todopoderoso, responsable de lo que nos ocurre, capaz de protegernos y cuidarnos. El planteamiento de la filosofía budista consiste en cuestionar nuestras creencias porque, en realidad, si somos honestos, debemos reconocer que no sabemos muy bien por qué creemos en muchas de las cosas en las que creemos.

Como demuestran los textos de eruditos budistas del pasado como Dharmakirti[11] y Shantideva[12], Buda no negaba la existencia de un Creador para menospreciar las creencias de los demás, sino para animarnos a investigar si es posible su existencia. Su verdadera intención era que nos preguntásemos *quién* o *qué* puede ser el responsable de nuestra existencia y de lo que nos ocurre en ella.

Los filósofos budistas del pasado se hacían preguntas como las siguientes:

1. Si Dios creó el mundo y es omnipotente, ¿por qué no lo creó todo en un instante?
2. ¿Por qué nuestras vidas solo duran sesenta o setenta años?

11. Dharmakirti (630 después de Cristo) fue un ilustre erudito budista, autor del *Comentario a la Cognición Válida,* que es una explicación del *Compendio de la Cognición Válida,* escrito por su maestro, Dignaga (440 después de Cristo).
12. Shantideva(685-763)autor de la *Guía a la forma de vida del Bodhisatva.* Ver la traducción de esta obra en el libro, *Destellos de Sabiduría,* publicado por Ediciones Amara.

3. ¿Puede un ser estático, no cambiante, crear cosas?
4. Si Dios ha sido creado por una fuerza previa, no es el creador original del mundo.
5. Si Dios es el creador de todo, se ha debido crear a sí mismo, cosa del todo ilógica.

Ningún fenómeno puede ser, a la vez, omnipotente y estático porque, en general, todo lo que existe depende de causas, y lo que depende de causas es imposible que sea estático. Un fenómeno estático o permanente es incapaz de producir resultados ya que, entre el estado de no creación y el de creación, necesariamente ha de sufrir cambios.

Los fenómenos se desarrollan de manera gradual: se crean unas causas que, con el paso del tiempo y los acontecimientos, producirán un resultado. Todo lo que nos rodea existe dependiendo de causas principales y de causas secundarias. Por ejemplo, la *causa principal* de una cosecha de trigo son las semillas mientras que las *causas secundarias* son el abono, la humedad, etc. Si alguna de estas causas falla, no habrá cosecha.

Si Dios lo ha creado todo, es responsable del sufrimiento que padecen los seres, lo cual deja en entredicho su compasión. Y, si no es su deseo que exista el sufrimiento, puesto que éste existe, significa que no es omnipotente.

Un Buda no es omnipotente; no ha creado el mundo, ni castiga o premia a quien actúa mal o bien… de esto ya se encarga la ley del karma. Nada hay eterno en un Buda aparte de su estado de dicha y ausencia de dolor. Un Buda es omnisciente, lo cual no quiere decir que posea conocimientos mundanos; en cuestión de segundos, un ordenador con un buen programa puede desplegar, por ejemplo, la lista de todos los ríos del mundo. Es omnisciente porque sabe, de manera precisa y exacta, lo que una persona debe hacer o no hacer para liberarse del sufrimiento. La ciencia permite saber muchas cosas, nos ayuda a vivir mejor y a mejorar nuestra forma de vida, pero no puede enseñar lo que debemos hacer para lograr la Iluminación.

La intención de los filósofos budistas, al rechazar la existencia de un Creador, es la de ayudarnos a ser conscientes del karma y a evitar que las emociones aflictivas impulsen nuestros actos. En última instancia, tanto nuestro presente como nuestro futuro dependen de nuestros propios actos. En este sentido, unas líneas muy famosas en el *Abhidhar-makosha* dicen:

Las actividades kármicas causan la multitud de los mundos.

Según el budismo, para eliminar el sufrimiento, es preciso tener claro que tanto el mundo como nuestras experiencias provienen de los actos personales y colectivos de los seres.

Es cierto que creer en Dios consuela a mucha gente, y sólo por esto es beneficioso. Si la fe en un Creador nos impulsa a no matar, a no robar, a no mentir, a no codiciar, a no criticar a los demás y a no cometer otros actos negativos, entonces, en realidad, estamos poniendo en práctica la ley del karma. Pero, si esta creencia impide entender que nuestros pensamientos, actos y palabras, son la fuerza modeladora del mundo, nos estaremos alejando de la causa del bienestar completo. A fin de cuentas, lo que importa de verdad no es tanto lo que creemos sino cómo nos comportamos.

Debatir sobre si existe o no un Creador puede llegar a ser interminable. Al final, exista o no, nuestra situación no cambia en absoluto. Nuestro dilema existencial sigue siendo el mismo: la mente está dominada por emociones aflictivas y éstas crean el dolor y los sinsabores que experimentamos. En consecuencia, lo más apropiado es aplicar una medicina para disminuir la influencia que ellas tienen sobre nosotros.

En un sutra, Buda cuenta la analogía de una persona que ha sido alcanzada por una flecha venenosa. Sería absurdo que, si alguien se acercase para arrancársela, la víctima dijera: "¡Detente!, antes quiero saber quién la lanzó, por qué, de qué tipo de madera está hecha, qué veneno me está matando". Efectivamente, lo más urgente es arrancar la flecha y curar la herida. Nuestra situación es parecida a la del moribundo y, por lo tanto, lo que es más imperioso es desprendernos de la flecha venenosa de las emociones aflictivas.

La explicación budista del origen del universo es compleja y requiere una profunda comprensión de la naturaleza última de la realidad[13], así como del funcionamiento del karma. El mundo surge de sus propias causas físicas y del karma colectivo y particular de los seres que lo habitan. Este karma es creado por la mente. Entender esta explicación requiere un profundo estudio pero, con el tiempo, podemos llegar a encontrarla razonable y lógica.

Sólo hay tres alternativas que pueden explicar el por qué de las cosas, la complejidad de nuestras vidas y el mundo que nos rodea. Pensar en ellas nos puede ayudar a centrar la investigación:

1. Un Creador.
2. La casualidad.
3. La causalidad o ley del karma.

La primera alternativa es inexistente, la segunda es absurda y la tercera es la única que ofrece una explicación coherente de por qué nos sucede lo que nos sucede, por qué somos como somos y pensamos lo que pensamos.

En la antigüedad ya se debatía sobre la existencia o no de entes omnipotentes. Así, el sofista Critias, pariente de Platón, sostenía la tesis de que la figura de un Dios que todo lo ve y todo lo oye era una hábil invención de algún legislador antiguo. Pensaba, además, que tenía una finalidad moral: la de infundir temor ante este dios, vigilante y guardián de la justicia.

---

13. Para una profunda explicación de las dos naturalezas de la realidad remito al lector a libros que explican el Sutra del Corazón como *Ecos del Silencio Infinito,* publicado por Ediciones Amara, u otros traducidos al español.

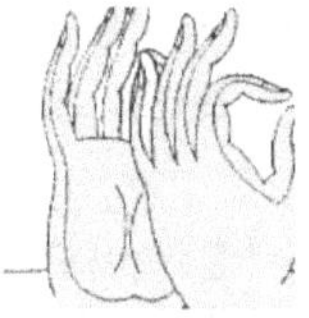

La ley del karma:
Los actos y sus consecuencias

La ley del karma se puede ilustrar con el siguiente ejemplo: si siembras la semilla de un fruto dulce, lo que recogerás será dulce; si siembras la semilla de un fruto amargo, lo que recogerás será amargo. Lo mismo se puede aplicar a nuestro mundo interior: los actos positivos producen felicidad y los negativos dolor. De manera simple, un acto negativo es todo aquel que daña a otro ser; y un acto positivo es todo aquel que beneficia a otro ser[14]. En consecuencia, si permitimos que las emociones aflictivas dominen nuestros actos, estamos creando causas para vivir futuras experiencias de malestar.

La ignorancia, el odio y el apego nos condenan a permanecer en el ciclo de las existencias y abandonar estos tres venenos no es fácil. El primer paso para hacerlo es reconocer que son defectos sin los que viviríamos mejor.

Vivir de acuerdo con la ley del karma consiste en *evitar actuar impulsados por las emociones aflictivas*. Para ilustrar la actitud que debemos tener ante las emociones aflictivas, Shantideva nos dice:

---

14. Las escrituras budistas mencionan diez actos negativos, todos ellos provocados por la ignorancia, el odio o el apego: matar, robar, mala conducta sexual, mentir, dividir a los demás con la palabra, usar un lenguaje abusivo, charla vana, codiciar, malicia, y sostener creencias erróneas. Una explicación extensa al respecto se encuentra en *Senda de Luz* y *Rayos de Sol* de Gueshe Tamding Gyatso, publicado por Ediciones Amara.

Igual que un viejo guerrero desafía la espada del enemigo en el frente de guerra, esquivaré a mis emociones aflictivas hasta atarlas hábilmente.

Al igual que el veneno invade todo el cuerpo gracias a la circulación de la sangre, si una emoción aflictiva se abre camino en la mente, ésta se llenará de negatividad.

Ningún ser o condición externa es responsable de nuestro dolor o felicidad; ambos surgen de la propia mente, en consecuencia, vigilarla y transformarla es nuestra responsabilidad. Entender la ley del karma contrarresta la creencia errónea de que los responsables de los problemas son las personas o situaciones externas. En realidad, éstos sólo son *causas secundarias*. La causa principal se halla en la mente. Nuestros actos del pasado se manifiestan *en el presente* en forma de situaciones y estados mentales, negativos o positivos, y nuestros actos del presente producirán resultados similares en el futuro.

Todas las acciones que hacemos a lo largo del día dejan semillas en nuestra mente. Por sí solas, las semillas no pueden producir frutos; las emociones aflictivas crean las condiciones para que las semillas maduren y nos hagan experimentar la vida de un modo u otro. Si este hecho no pudiera cambiarse, nuestra situación sería patética pero, como se viene diciendo a lo largo de *La Meditación, otra manera de afrontar tus problemas*, las emociones aflictivas pueden ser erradicadas.

Una vez conocida la idea básica del karma, seguramente nos asaltará una duda: "¿Dónde se almacenan las semillas kármicas hasta que dan su fruto?" Según la escuela budista de principios filosóficos, Solo Mente (sánscrito: Chitamatra), las semillas permanecen latentes en la *consciencia fundamento de todo*.

Imagina que, impulsado por la ira, gritas a alguien. Una vez terminada la discusión, esta acción queda grabada en

---

15. Una semilla kármica no es física ni mental sino un potencial que permanece en la *consciencia fundamento de todo*, listo para ir configurando nuestra personalidad, tendencias y experiencias cotidianas.

la *consciencia fundamento de todo* en forma de semilla[15] La diferente configuración de semillas es responsable de cómo vemos e interpretamos el mundo en cada instante de nuestra vida.

Esta escuela afirma que "todo es mente" porque cuando madura una semilla, ésta afecta tanto al sujeto como al objeto: al que percibe y a lo percibido. Este proceso explica, por ejemplo, que cuando un seguidor del Real Madrid escucha su himno, se siente feliz; pero si lo escucha un acérrimo seguidor del Barcelona, siente indiferencia o malestar. ¿Por qué reaccionan de modo tan diferente ante el mismo objeto? Porque las semillas kármicas de cada uno les obligan a interpretar el *mismo objeto* de modo diferente. Y los dos tienen razón… desde su punto de vista.

Buda también afirmó en algunos sutras que el universo es sólo mente, pero con ello quería dar a entender dos cosas:

1. Que los diferentes mundos son creados por el karma y no por un Creador omnipotente.
2. Que la mente es lo más importante: introduce en ella semillas kármicas negativas y el mundo cada vez será más negativo; introduce en ella semillas positivas y el mundo te resultará cada vez más agradable.

El hecho de percibir un mismo objeto de modos diferentes demuestra que la realidad es vacía, que ningún fenómeno existe sin depender de nuestra concepción, de nuestra mente. Una cita del Buda en el *Sutra Pedido por Upali* lo señala así:

Un ramillete de flores agradables abre sus pétalos,
Los palacios dorados brillan con una belleza
que corta el aliento.
Busca su hacedor y nunca lo encontrarás
porque todas estas cosas son creadas por la concepción.
El mundo es un invento de las concepciones.

Llevamos dentro un gran almacén de semillas, listas para hacernos experimentar y reaccionar ante la realidad. Para cortar con este ciclo hemos de *dejar de creer que lo que nos sucede sólo viene del exterior, sin tener nada que ver con nuestra mente*. Por ejemplo, si alguien nos insulta, pensemos que en el pasado nosotros mismos hemos insultado a otro ser y no reaccionemos con otro insulto, ya que esto volverá a poner en movimiento la rueda de acción y resultado y, tarde o temprano, nos volverán a insultar.

Las semillas que plantamos en la mente tienen una fuerza indecible:

1. Nos impulsan a reincidir en la misma acción que las creó.
2. Afectan nuestra percepción de la realidad.
3. Determinan nuestras creencias.
4. Inciden en el modo en que nos vemos a nosotros mismos y a los demás.
5. Se expanden. Un acto pequeño produce resultados mayores.
6. Nunca se pierden a no ser que se desactiven, tendremos que experimentar los efectos de nuestros actos.

Practicar Dharma quema las semillas negativas y promueve el florecimiento de semillas positivas. Una persona religiosa es aquella que procura apartarse de la ignorancia, la aversión y el apego. La ley del karma nos enseña que la Iluminación no es un mito porque podemos acumular semillas positivas y eliminar las negativas en cada momento de nuestra vida.

Maitreya describe seis etapas que explican el proceso que se encuentra detrás de nuestros actos. Entenderlas nos ayuda a transformar el comportamiento pues nos enseña la estrecha relación entre el karma y la vacuidad:

1. La *semilla producida por la ignorancia del pasado* nos fuerza a creer que las cosas existen de modo inheren-

te. Es una tendencia prácticamente innata. Y como resultado:

2. Aparecen *dos tipos de ignorancia.* Nos relacionamos con nuestro yo como si existiera por sí mismo; y damos el mismo tipo de existencia a los objetos.

3. Por culpa de estas dos actitudes, cuando nos relacionamos con algo o alguien, lo percibimos como agradable o desagradable *por sí mismo.* Estamos convencidos de que esta apariencia existe *sólo* a partir del objeto y que no tiene nada que ver con las propias semillas kármicas, responsables últimas de la percepción particular que tenemos.

4. Una vez malinterpretada la naturaleza del objeto, despertamos *apego o aversión:* no deseamos separarnos de lo agradable porque hemos exagerado su belleza; y rechazamos lo desagradable porque hemos exagerado su fealdad.

5. Después, *actuamos* en base a estas dos emociones aflictivas.

6. En consecuencia, volvemos a *sembrar semillas kármicas* que nos harán *reincidir* en este modo de actuar.

Si revisamos este proceso constataremos que, de momento, es difícil no caer presa de las dos primeras etapas, pero sí podemos disminuir el influjo del apego y la aversión en nosotros. Recordemos que su función es: 1) exagerar la realidad, 2) alterar nuestro interior, 3) impulsarnos a actuar. Evitemos que nuestras reacciones se vean influenciadas tanto por el apego como por la aversión.

Aunque podamos escuchar diversas definiciones del término "samsara", su verdadero significado es estar sometidos a este proceso.

El samsara y la renuncia

Las enseñanzas budistas aluden una y otra vez al término sánscrito "samsara", que suele traducirse en español como "existencia cíclica". No se refiere a un lugar físico específico sino a la *naturaleza insatisfactoria de la vida y al potencial que tenemos para seguir experimentándola de este modo*. Samsara es nacer, enfermar, envejecer, morir y repetir este doloroso proceso, vida tras vida, por culpa de las emociones aflictivas y el karma. La renuncia es el intenso deseo de abandonar este ciclo producido por las emociones aflictivas y experimentar el Nirvana, ausencia de dolor.

El karma se asemeja a una semilla plantada en la mente y las emociones aflictivas a la humedad y el fertilizante que la hacen crecer. Sin emociones aflictivas, las semillas no pueden germinar, son como semillas secas. Todo el esfuerzo, pues, debe encaminarse hacia la erradicación de las emociones aflictivas. El impulso necesario para embarcarnos en esta empresa nos lo proporciona el sentimiento de la renuncia.

Aunque hay falsas interpretaciones sobre este término, la renuncia verdadera *sólo* se despierta cuando comprendemos la naturaleza dolorosa del samsara, el ciclo de las vidas.

En una de sus obras, el filósofo budista Aryadeva decía que, sin reconocer el sufrimiento, no hay renuncia y, sin renuncia, no hay liberación. Si un prisionero se siente feliz entre rejas, aunque las puertas se encuentren abiertas, no tendrá deseo alguno de salir al exterior; sólo si se siente incómodo se esforzará por salir de su prisión.

Para despertar la renuncia tenemos a nuestra disposición tres métodos:

1. Reflexionar sobre las *seis etapas* descritas en el capítulo anterior.
2. Reflexionar sobre las *dos primeras nobles verdades*.
3. Reflexionar sobre *los tres tipos de sufrimiento*.

Ya hemos descrito el primer método; el segundo viene descrito en la segunda parte de este libro, y el tercero es el que vamos a describir a continuación.

El sufrimiento del sufrimiento. Este sufrimiento es relativamente fácil de identificar, a nadie le gusta experimentarlo e incluso los animales desean separarse de él. Se refiere a cualquier problema físico o mental obvio: enfermar y envejecer, la insatisfacción, la incertidumbre, la inseguridad, separarse de lo que uno desea, encontrarse con lo que uno no desea y muchos otros.

Algunos textos clásicos señalan que el sufrimiento del sufrimiento también se refiere a las sensaciones desagradables que experimentamos.

El sufrimiento del cambio. Este tipo de sufrimiento es lo que, comúnmente, denominamos "felicidad" pero que, en realidad, sólo es un bienestar breve. La felicidad auténtica debería poder mantenerse estable, sin transformarse en dolor.

El sufrimiento del cambio es cualquier sensación agradable que experimentamos en la vida cotidiana Cuando sentimos frío nos acercamos a la calefacción y, al principio, nos sentimos bien, pero solo se trata de una *mera disminución* del malestar que producía el frío. Una vez cerca del fuego, empezará a crecer el sufrimiento producido por el calor. Todas las experiencias agradables tienen esta cualidad. En otras palabras, la naturaleza verdadera de lo que consideramos placer es cierto grado de dolor. Si incrementamos la causa que nos hace sentir bien, producirá sufrimiento; en cambio si incrementamos la causa de lo que nos produce dolor, éste nunca se transforma en felicidad. Pongamos por ejemplo que somos amantes del jazz y nos deleitamos escuchando *A Kind of Blue* de Miles Davies. ¿Cómo nos sentiríamos si nos viéramos obligados a escucharlo una y otra vez? Nos aburriría e incluso nos resultaría incómodo. Si la felicidad que producía escuchar *A Kind of Blue* fuese felicidad real, cuanto más lo escuchásemos más felicidad deberíamos sentir.

¿Significa esto que no deberíamos escuchar a Miles Davies? No, lo que nos indica este hecho es que:

1. Hemos de aprender a reconocer *los límites* de lo que denominamos felicidad.
2. Disfrutarlo sin exagerar sus cualidades.
3. No actuar de modo negativo para poder experimentar una felicidad tan breve y limitada.

El sufrimiento que lo impregna todo. Es el más profundo. Nuestro cuerpo y mente actúan como un imán que atrae al resto de sufrimientos; llevan consigo el potencial de hacernos sufrir porque nuestra existencia está influenciada por la ignorancia y el resto de emociones aflictivas. Este tipo de sufrimiento también se refiere a la sensación neutra. A lo largo del día lo experimentamos en innumerables ocasiones pero nos pasa por alto.

La analogía tradicional que nos ayuda a entender este nivel de sufrimiento es la semilla de sésamo: no parece poder producir aceite pero, si se tritura, es posible extraerlo. Del mismo modo, el cuerpo y la mente no parecen ser sufrimiento pero todas las experiencias actuales, buenas o malas, son resultados de karmas previos y todos nuestros actos presentes producirán algún tipo de sufrimiento en el futuro.

Como ya se ha mencionado, meditar en estos tres tipos de sufrimiento da luz al sentimiento de renuncia: el deseo de abandonar este ciclo venenoso y el de obtener el Nirvana. Son como dos caras de una moneda.

Odiar al mundo porque no hemos conseguido sus favores y nos sentimos frustrados, no es renuncia. Si no somos agraciados físicamente, es fácil "renunciar" a la belleza; si somos pobres y no tenemos posibilidad alguna de ganar dinero, es fácil "renunciar al dinero y a la fama"; si no gozamos de una vida familiar satisfactoria, es fácil "renunciar a la vida de familia". ¿Son estas actitudes renuncia o un vulgar menosprecio hacia el mundo y hacia los que gozan de situaciones favorables? La renuncia auténtica desemboca en compasión, nunca en menosprecio u orgullo disfrazado de espiritualidad.

Hemos mencionado que los tres tipos de sufrimiento son también, respectivamente, las sensaciones desagradables, agradables y neutras. No hay ni un solo instante de nuestra vida en que una de estas tres sensaciones deje de estar presente. Las sensaciones desagradables favorecen el surgimiento de la ira, el rencor, el enfado, el odio, la malicia y el resentimiento, entre otros. Las sensaciones agradables dan luz al apego, la envidia, el deseo negativo, el orgullo. Las sensaciones neutras provocan ignorancia, no comprender la naturaleza de lo que ocurre a nuestro alrededor.

¿Cuál es la función de estas tres emociones aflictivas? Impulsarnos a actuar, física, verbal o mentalmente. Buda describió ampliamente la buena nueva para la humanidad: puesto que las emociones aflictivas no son parte intrínseca de la naturaleza de la mente, podemos hacer disminuir su fuerza usando antídotos temporales y, también, eliminarlas totalmente con un antídoto último[16].

Para evitar temporalmente la aversión y sus derivados, debemos aplicar la paciencia y recordar que la sensación desagradable que los causa es transitoria.

---

16. Para eliminar de raíz las emociones aflictivas es preciso comprender la verdadera naturaleza del yo y de los fenómenos: la vacuidad. Una introducción aparece en la segunda parte de este libro. Una explicación extensa se encuentra en *Senda de Luz y Rayos de Sol* del Ven. Geshe Tamding, y en el libro *Ecos del Silencio Infinito: el Sutra del Corazón* de Isidro Gordi. Todos ellos publicados por Ediciones Amara.

Para evitar temporalmente el apego y sus derivados, debemos pensar en la muerte y recordar que la sensación agradable que los causa es transitoria.

Para evitar temporalmente la ignorancia, debemos recordar la sabiduría, es decir, actuar siempre con una buena motivación, comprendiendo la transitoriedad y la relación dependiente de las cosas. De este modo, se aprovecha la sensación neutra para evitar quedarnos indiferentes ante la realidad. Debemos tratar de recordar que las sensaciones, en general, y las neutras en particular, no surgen de la nada sino que son el resultado de nuestros actos pasados.

Refugio ante el dolor

Como medio para protegernos del sufrimiento y, gradualmente, liberarnos de él, podemos apoyarnos en las Tres Joyas: confiar en los seres Iluminados, lo que proporciona la inspiración que nutre nuestra práctica; creer en el poder transformador del Dharma; despertar respeto y fe por los que siguen dicho sendero. Una persona enferma necesita un médico, las medicinas adecuadas y enfermeras que le proporcionen cuidados apropiados. Nosotros padecemos la enfermedad crónica de la ignorancia, la aversión y el apego; para recuperarnos, podemos apoyarnos en Buda, que es como un médico; en su medicina, que consiste en poner en práctica sus enseñanzas; y en las enfermeras, la Sangha, formada por la comunidad espiritual de seres muy realizados.

No obstante, por prestigioso que sea un médico, si el paciente no toma la medicina no se recuperará; del mismo modo, sin aplicar las enseñanzas en la vida cotidiana será imposible liberarse del sufrimiento. El médico no puede eliminar *directamente* el dolor del paciente, sólo aconsejarle; lo que cura de verdad es la medicina, el Dharma, y de modo específico respetar la ley de las acciones y sus resultados.

Refugiarnos en las Tres Joyas no es sencillo, no consiste únicamente en recitar unas oraciones sino en cultivar temor al sufrimiento y convicción en el poder de las Tres Joyas. Al principio nos refugiamos en Tres Joyas externas (Buda, Dharma y Sangha) pero, con el tiempo, estas tres joyas crecerán en nuestro interior y uno mismo se convertirá en ellas.

Desde la época del Buda hasta la actualidad, han existido muchos practicantes, indios y tibetanos, que han alcanzado dicho estado. Con el paso del tiempo, el mapa del Dharma se ha ido enriqueciendo con la experiencia de grandes practicantes y, hoy en día, tenemos las instrucciones precisas para saber qué hacer al principio, en medio, y al final del sendero espiritual.

La práctica budista ha de estar basada en la razón, no es aconsejable seguirla porque nuestros padres también lo han hecho o porque es la religión preferente en la sociedad en la que vivimos. Muchos asocian la religión *únicamente* al ejercicio de la fe y creen que ser una persona religiosos entraña carecer de dudas. Como señaló Miguel de Unamuno en *La Agonía del Cristianismo,* una fe sin duda puede no ser más que una fe muerta, una especie de testarudez. La palabra duda tiene dos raíces latinas *due,* dos; y *duellum,* duelo, pelea. Es decir, para que crezca la fe se requiere la duda. Ésta ha de impulsarnos a la investigación para llegar a conclusiones razonables. La fe o convicción más estable surge después de haber lidiado con las dudas.

Dharma es toda aquella experiencia interna que nos evita experimentar dolor, es un modo de pensar que tiene la capacidad de transformar los estados mentales negativos en positivos. Sin embargo, su objetivo primordial es ayudarnos a evitar dolor en las vidas futuras y asegurarnos felicidad. El principio budista más importantes es la continuidad de la mente[17], ahí es donde tiene lugar la ley de causa y efecto: lo que has hecho, pensado o dicho en el pasado, te ha conectado con tu vida presente y lo que haces en el presente te conectará con la futura. Después de la muerte podemos tomar dos caminos: uno lleva a la felicidad y otro al dolor. Las acciones negativas nos llevan a reinos inferiores y las positivas a reinos superiores. Sócrates solía decir que la finalidad de la filosofía es aprender a morir y en su *Apología* podemos comprobar con qué dignidad se enfrentó a su propia muerte.

---

17. Una explicación extensa al respecto la encontrará el lector en el libro *Guía para Meditar* publicado por Ediciones Amara.

A pesar de que a lo largo de nuestra vida realizamos actos de muy distinta índole, deberíamos potenciar los positivos y purificar los negativos. El método tradicional para purificar la mente consiste en aplicar los "cuatro poderes oponentes". Son los siguientes:

El *poder del objeto* entraña tomar refugio en las Tres Joyas –Buda, Dharma y Sangha– y generar amor y compasión. Este es un paso necesario porque toda acción negativa se comete contra las Tres Joyas y los seres conscientes.

El *poder del antídoto* consiste en llevar a cabo prácticas virtuosas para contrarrestar la actividad negativa: leer enseñanzas, meditar en la vacuidad, recitar mantras, ser generosos, despertar amor y compasión, cultivar paciencia, etc.

El *poder del arrepentimiento* es el reconocimiento de los actos negativos cometidos y los frutos que nos esperan. Es el más importante de todos.

El *poder de la promesa* es la determinación de no reincidir en acciones negativas.

Segunda parte

Las cuatro nobles verdades y los dieciséis aspectos

Introducción

Según la historia, cuando la reina Mayadevi dio a luz al príncipe Sidharta, el rey Sudhodana se sintió muy feliz e invitó a un anacoreta para que le hablara del futuro de un hijo tan extraordinario. El anacoreta predijo que el príncipe sería un Iluminado o un gran monarca. El príncipe Sidharta, que posteriormente se convertiría en el Buda histórico, permaneció en palacio hasta los veintinueve años, con sus padres primero y, más tarde, con su esposa e hijo. Sin embargo, tras ver la naturaleza dolorosa de la existencia: la vejez, la enfermedad y la muerte, decidió abandonar la vida mundana que había llevado hasta entonces. Durante seis años adoptó un ascetismo extremo que también acabó abandonando. Todo ello le llevó a buscar un camino medio y, con treinta y cinco años, alcanzó la Iluminación. Sakyamuni Buda fue una persona ordinaria como nosotros, se adiestró con gran esfuerzo en el sendero espiritual, despertó la renuncia, la bodhichita[18] y la sabiduría, llegando a obtener, así, el estado de la Iluminación. Se dice que, una vez alcanzado dicho estado, Buda pensó:

Aunque he obtenido un Dharma profundo, vasto
y pacifico nadie puede entender mi enseñanza,
por lo tanto permaneceré en meditación.

Durante las siete semanas que siguieron a su Iluminación rehusó enseñar a nadie. Actuó así para mostrar la

---

18. Una breve explicación se encuentra en la tercera parte de este libro. Para una explicación extensa ver *Rayos de Sol* del Ven Geshe Tamding Gyatso.

grandeza del Dharma y para enseñar a futuras generaciones que éste no se debe enseñar a menos que lo solicite el discípulo.

Cuarenta y nueve días después de haber obtenido la Iluminación, los dioses Brahma e Indra le ofrecieron una rueda y una caracola suplicándole con las siguientes palabras que hiciera girar la Rueda del Dharma:

Oh Buda, tesoro de compasión,
Los seres conscientes son como invidentes.
Siempre en peligro de caer en los reinos inferiores.
Aparte de ti no existe en este mundo otro Protector.
Por lo tanto, te suplicamos, que salgas de tu
Equilibrio meditativo y hagas girar la Rueda del Dharma.

Tras esta súplica, el Buda enseñó las Cuatro Nobles Verdades a sus primeros cinco discípulos. Se trata de la esencia de la filosofía budista. Explican tanto el mecanismo que nos obliga, vida tras vida, a renacer en el samsara como la manera de liberarse de este círculo vicioso.

Se dice que Sakyamuni Buda impartió ochenta y cuatro mil enseñanzas; todas ellas se pueden sintetizar en los Tres Giros de la Rueda del Dharma, que se adaptan a las diferentes capacidades que poseemos los seres conscientes.

El primer giro de la Rueda del Dharma es el que tuvo lugar en el Parque de los Ciervos, en Sarnath, donde enseñó las Cuatro Nobles Verdades a discípulos hinayana. Este Giro proporciona una explicación accesible del vacío.

El segundo giro de la Rueda del Dharma tuvo lugar en Rayagribha, en la Montaña Banda de Buitres, donde enseñó los *Sutras de la Perfección de la Sabiduría* a discípulos mahayana. Aquí se explica, de forma más precisa la visión del vacío.

El tercer giro de la Rueda del Dharma tuvo lugar en Veshali, donde enseñó el *Sutra del Discernimiento Claro*, dedicado también a seguidores mahayana. Este ciclo de enseñanzas nos ayuda a comprender el vacío del segundo giro, la visión más acertada.

Cuando Sakyamuni Buda dejó este mundo y entró en el Paranirvana, se formaron cuatro escuelas filosóficas relacionadas con los Tres Giros. En base al primer Giro de la Rueda del Dharma surgieron las escuelas budistas, Vaibhashika y Sautantrika. En dependencia del segundo, se formó la Madhyamika; y en base al tercero, la Chitamatra o Solo Mente. La diferencia principal entre estas escuelas se halla en su distinta manera de presentar la vacuidad.

En su primera enseñanza, el Buda explicó la verdad del sufrimiento, la verdad del origen del sufrimiento, la verdad de la cesación del sufrimiento y la verdad del sendero que lleva a la cesación del sufrimiento. Buda explicó de manera diáfana las cuatro nobles verdades y afirmó que el sufrimiento *debe ser identificado*, el origen del sufrimiento *debe ser abandonado*, la cesación del dolor *debe ser experimentada* y el sendero *debe ser practicado*. También enseñó que, una vez identificado el sufrimiento, no hay mas sufrimiento a identificar; una vez abandonado el origen, no hay más origen a abandonar; una vez se ha experimentado la cesación, no hay más cesación a experimentar; y, una vez cultivado el sendero, no es necesario seguir sendero alguno.

La verdad del sufrimiento y la verdad del origen deben abandonarse; la verdad del sendero y la verdad de la cesación deben adoptarse. Regirnos por las cuatro nobles verdades nos ayuda a seguir un sendero espiritual correcto.

Sakyamuni Buda es un ser *pramana* —alguien que nunca nos puede engañar—, porque todo lo que dijo es correcto. No lo afirmamos porque seamos budistas o porque nos parezca simpático, ninguno de estos motivos serían suficientes para señalar su validez como Maestro; sólo lo podemos afirmar después de analizar sus enseñanzas. Debemos usar la inteligencia y la razón para entender los múltiples sentidos del Dharma. Si analizamos bien las cuatro verdades se nos hará evidente que, hoy en día, siguen siendo tan válidas como lo fueron en tiempos del Buda.

Se denominan "verdades" porque muestran la realidad que percibe de modo diáfano un Arya[19]. Lo que un ser ordinario considera verdad no es real. Por ejemplo, experimentamos el sufrimiento que lo impregna todo, sin embargo somos incapaces de identificar su influjo sobre nosotros. Un Arya, en cambio, comprende directamente su naturaleza y procura eliminarlo. Los seres ordinarios desconocemos cuál es la naturaleza del yo y de los fenómenos, cosa que un Arya percibe claramente.

Buda despliega su actividad benéfica de tres modos: con actividades del cuerpo, la palabra, y la mente. La más poderosa es la actividad de la palabra. En este sentido, Tsong Khapa señaló:

De todos los actos del Buda,
el más supremo es su actividad verbal.

Buda comunica el sendero a la liberación por medio de su palabra; nos legó el mapa del Dharma que él mismo utilizó para conseguir su omnisciencia y nosotros podemos también conseguirla porqué poseemos la naturaleza de buda[20].

Buda vivió hasta la edad de ochenta y un años y, durante este tiempo, llevó a cabo las doce actividades supremas, descritas en *Visión de una Nueva Conciencia,* del actual Dalai Lama:

1. Descenso a este mundo desde la Tierra Pura Alegre, Tushita.
2. Entrada en el seno materno.
3. Nacimiento en el Jardín de Lumbini.
4. Habilidad en las artes y en los juegos deportivos de juventud.
5. Cuidado del reino y posesión de un harén.
6. Tras dirigirse a las cuatro puertas de la ciudad, decep-

---

19. Arya es toda aquella persona que ha visto directamente la vacuidad, alguien que ha atravesado el sendero de acumulación y preparación, y se encuentra en el sendero de la visión.
20. Ver capítulo sobre *la naturaleza de buda* en la página 14.

ción ante la existencia cíclica y posterior abandono de la vida como amo de la casa.

7. Práctica austera durante seis años en el río Nairanjana.

8. Ir al árbol Bodhi y sentarse debajo de él para meditar.

9. Superar las huestes de los demonios.

10. Iluminarse plenamente el día quince del cuarto mes.

11. Hacer girar la rueda de la doctrina el cuarto día del sexto mes.

12. Ir más allá o dejar este mundo, en la ciudad de Kushinagar.

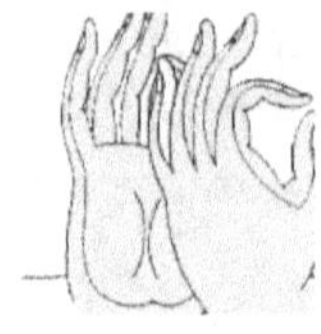

Las cuatro nobles verdades

El propósito de Sakyamuni Buda al impartir enseñanzas fue ayudarnos a eliminar el sufrimiento. Su mensaje básico es que la fuente del dolor se halla en la mente y, específicamente, en nuestras emociones aflictivas.

El sufrimiento puede ser físico o mental. En algunos casos, el primero se erradica por medios externos mientras que el segundo sólo se logra eliminar utilizando la propia mente. La enseñanza es una medicina para eliminar los tres venenos: el apego, el odio y la ignorancia. Una primera cura de urgencia consiste en tener una buena comprensión de las cuatro nobles verdades.

El proceso que nos mantiene en el ciclo de las existencias se describe en las dos primeras verdades –la verdad del sufrimiento y la verdad del origen–. El proceso que nos libera de este ciclo se encuentra en las dos verdades restantes –la verdad de la cesación y la verdad del sendero–. La verdad de la cesación es el estado que se experimenta al eliminar todo dolor e insatisfacción. Para conseguirlo es preciso seguir un sendero de desarrollo interior.

Las cuatro nobles verdades se pueden ordenar de dos maneras diferentes:

1. Según la causa y el efecto.
2. Según el modo de generar realizaciones espirituales.

Según la causa y el efecto, el orden sería el siguiente:

La verdad del origen
La verdad del sufrimiento

La verdad del sendero
La verdad de la cesación.

Así es como ocurre en realidad: creamos karma por culpa de las emociones aflictivas y, por ello, experimentamos dolor. Si aplicamos el antídoto del sendero, experimentaremos la ausencia de dolor. Es claro y fácil de entender.

Según el modo de generar realizaciones espirituales, el orden está relacionado con el procedimiento a seguir para obtener experiencias espirituales:

La verdad del sufrimiento.
La verdad del origen.
La verdad de la cesación.
La verdad del sendero.

Tradicionalmente, las Cuatro Nobles Verdades suelen explicarse de este segundo modo. Sólo tras identificar el sufrimiento buscaremos su origen. Una vez descubrimos que el origen es el karma y las propias emociones aflictivas, nos determinaremos a abandonarlo y, para ello, seguiremos un sendero. Esto mismo señaló Maitreya:

La enfermedad se debe conocer,
sus causas se deben abandonar.
La salud se debe obtener,
la medicina se debe usar.
Del mismo modo, el sufrimiento, su causa,
la cesación y el sendero,
se deben conocer, abandonar, obtener y practicar.

La verdad de la cesación y la verdad del sendero sólo se encuentran en el continuo mental de un Arya; los seres ordinarios, en cambio, experimentamos continuamente las dos primeras verdades, la del sufrimiento y la del origen y, a no ser que pongamos en práctica la enseñanza, las seguiremos actualizando a cada instante.

La noble verdad del sufrimiento

Es importante identificar la enfermedad antes de diagnosticar sus causas y, para dejar de sufrir, es vital identificar los distintos niveles de sufrimiento. Creemos que el sufrimiento es negativo *per se*, pero tiene cuatro cualidades positivas:

1. Actúa como antídoto al orgullo.
2. Conduce a la práctica del Dharma.
3. Ayuda a generar renuncia y compasión.
4. Purifica la energía kármica negativa.

En la primera parte de este libro vimos los "tres tipos de sufrimiento"; aquí presentamos dos clasificaciones adicionales:

Los seis tipos de sufrimiento.
Los ocho tipos de sufrimiento.

Los seis tipos de sufrimiento:

El sufrimiento de la incertidumbre.
El sufrimiento de la insatisfacción.
El sufrimiento de tener que abandonar el cuerpo una y otra vez.
El sufrimiento de tener que renacer una y otra vez.
El sufrimiento de tener que perder el estatus.
El sufrimiento de la soledad o ausencia de amigo.

El sufrimiento de la incertidumbre. También lo podríamos denominar "de la inseguridad". Nada hay definitivo y todo cambia, tanto en esta vida como en la futura. El mejor amigo puede transformarse en el peor enemigo o viceversa. Tu padre o madre de una vida pasada, pueden convertirse en ésta en tu peor enemigo; el enemigo de esta vida puede ser tu padre en la futura. Aunque ahora estemos rodeados de amigos, una palabra a destiempo o inapropiada puede separarnos de ellos.

El sufrimiento de la insatisfacción. No importa cuánto poseamos, nunca nos sentimos satisfechos. Los textos tradicionales explican que, si pudiésemos amasar la fortuna y el poder del rey mitológico Chakravartin, dueño de los cuatro grandes continentes, tampoco seríamos felices. Si observamos detenidamente, no encontraremos a nadie que esté libre de problemas o insatisfacciones.

Nos engañamos de distintas maneras pero, en el fondo, sabemos que nada puede cubrir el vacío que produce la insatisfacción. Se cuenta que, en una ocasión, mientras paseaba por Atenas, y viendo las muchas cosas que se vendían al público, Sócrates exclamó: "¡Cuántas cosas hay que no necesito!"

El sufrimiento de tener que abandonar el cuerpo una y otra vez. El hecho de tener que abandonar el cuerpo vida tras vida, nos produce, también, sufrimiento.

El sufrimiento de tener que renacer una y otra vez. Vida tras vida, estamos obligados a renacer. Si meditamos repetidamente en este hecho, nos sentiremos afectados por la profundidad del sufrimiento y se nos despertará una intensa renuncia.

El sufrimiento de tener que perder el estatus. A lo largo de nuestra vida, vemos la decadencia del cuerpo, de los bienes, de las relaciones. Además, todos hemos oído hablar de personas que pierden su estatus: presidentes que ingresan en prisión, reyes que son obligados a exiliarse, etc. Nos damos cuenta, de nuevo, de que todo en la vida, incluido el estatus, está sujeto a constantes cambios.

El sufrimiento de la soledad. Al nacer establecemos relaciones con nuestros padres, amigos y bienes. Sin embargo, al morir, dichas relaciones se rompen y nada ni nadie puede evitarlo. En realidad, incluso nuestro cuerpo, la posesión más preciosa, nos deja en la estacada. Cuando debemos atravesar el bardo,[21] nadie puede ayudarnos, tenemos que viajar solos. Experimentamos soledad en los momentos más críticos de la vida: al enfermar, envejecer, morir y volver a nacer. No vale la penas apegarse a unos y odiar a otros porque el espacio de tiempo entre el nacimiento y la muerte es muy breve.

Los ocho tipos de sufrimiento:

El sufrimiento de nacer.
El sufrimiento de envejecer.
El sufrimiento de enfermar.
El sufrimiento de morir.
El sufrimiento de verse separado de lo que se desea.
El sufrimiento de encontrarse con lo que no se desea.
El sufrimiento de no obtener lo que se desea.
El sufrimiento de buscar pero no encontrar lo que se desea.

El sufrimiento de nacer es obvio, tanto para la madre como para el bebé. *El sufrimiento de envejecer* nos hace ser testigos de la degeneración de la belleza, la vitalidad y la salud. Afortunadamente, la vejez sobreviene de manera paulatina, si llegara de repente, sería insoportable. Si observamos fotografías de cuándo éramos más jóvenes, veremos cuánta razón tenía Sócrates al denominar a la belleza juvenil, "tirano de breve tiempo". La belleza y la juventud son un don efímero. *El sufrimiento de enfermar* también es obvio. *El sufrimiento de morir* es de los peores, ya que debemos separarnos de la familia y amigos. *El sufrimiento de encontrarse con lo que no se desea* implica tener que enfrentarse a situaciones desagra-

---

21. Bardo: Estado intermedio entre la muerte y la siguiente vida.

dables. *El sufrimiento de no obtener lo que se desea*, lo experimentan, por ejemplo, los granjeros cuando no consiguen una buena cosecha; un hombre o mujer de negocios que no cierra un contrato importante; o cualquier persona que no consigue lo que quiere. *El sufrimiento de buscar pero no encontrar lo que se desea*. Por mucho que lo intentemos, no siempre conseguimos alcanzar nuestros sueños.

Las enseñanzas budistas presentan distintos tipos de sufrimientos con el fin de despertar renuncia: *el deseo de alejarse del sufrimiento y el anhelo de experimentar el Nirvana*.

Sin el deseo de liberarse del sufrimiento no hay renuncia; sin renuncia es imposible generar compasión y, sin compasión, no hay bodhichita. El sufrimiento tiene su propia causa; no sucede por casualidad o por designios divinos sino por la fuerza de nuestro karma. Puesto que el karma está vinculado a las emociones aflictivas, éstas deben ser eliminadas y, para ello, debemos cortar su raíz: la ignorancia que se aferra a lo autoexistente, cuyo antídoto es la sabiduría que comprende la vacuidad. Por ello, sin renuncia no hay vacuidad y, sin ella, no es posible cortar la raíz de todo dolor.

La noble verdad del origen

Es posible que el lector se deprima al darse cuenta de que sufre a causa de las emociones aflictivas y del karma. Esta reacción es lógica pero innecesaria porque la buena noticia es que Buda nos dio la medicina para curarnos. Lo único que hemos de hacer es ingerirla.

El sufrimiento tiene sus causas específicas, no se experimenta por casualidad ni por culpa de los padres, de la sociedad o de un Creador. Como ya se ha mencionado en la primera parte del libro, el karma es como una semilla sembrada en el campo de la consciencia; la emoción aflictiva es como el agua, el calor y el fertilizante que hace florecer las semillas Sin condiciones secundarias, una semilla ordinaria no puede producir resultado alguno. Lo más importante, pues, es erradicar las emociones aflictivas. Karma es todo acto, palabra o pensamiento intencional. Si la intención es de naturaleza virtuosa, el resultado del acto en cuestión será bueno; si es de naturaleza maligna, el resultado será negativo.

Hemos de evitar diez karmas negativos: matar, robar, llevar una mala conducta sexual, mentir, dividir a los demás, usar palabras duras, charla vana, codicia, pensamientos malignos y visiones erróneas.

Desde el punto de vista de su resultado, existen tres tipos diferentes:

Karma que se experimenta en esta vida.
Karma que se experimenta en la vida futura.
Karma que se experimenta muchas vidas después.

El *karma que se experimenta en esta vida* se refiere a actos cuyo resultado se experimenta en la misma vida en que dichos actos se han cometido. El *karma que se experimenta en la vida futura* es el de aquellos actos cuyo resultado se experimenta en la vida siguiente. El último es el *karma que se experimenta muchas vidas después*.

El karma se puede dividir según su naturaleza:

Karma virtuoso.
Karma no virtuoso o negativo.

Karma virtuoso es todo acto que nos hace renacer en reinos superiores: dios, semidios o humano. *Karma negativo* es aquel por el que renacemos en reinos inferiores: animal, preta e infernal[22].

Existen dos clasificaciones adicionales, el karma que impulsa y el karma que completa, los cuales pueden combinarse de cuatro maneras:

Karma que impulsa y que completa positivo.
Karma que impulsa y que completa negativo.
Karma que impulsa negativo y que completa positivo.
Karma que impulsa positivo y que completa negativo.

Un ejemplo del primero es renacer como ser humano y tener una vida feliz. Un ejemplo del segundo es renacer en un infierno donde el sufrimiento es continuo e insoportable. Un ejemplo del tercero es, por ejemplo, el caballo o perro de un rey; que viven mejor que muchos humanos. Un ejemplo del cuarto es renacer como humano en lugares donde hay sequías, plagas, hambre y guerra.

---

22. El Budismo, a diferencia de otras religiones, sostiene la existencia de otros reinos de existencia. Son estados transitorios y causados por el karma del que los experimenta. Cada uno de ellos está caracterizado por la predominancia de alguna emoción aflictiva: el orgullo en los dioses, la envidia en los semidioses, el deseo en los humanos; la ignorancia en los animales, el ansia y la avaricia en los pretas y el odio en los seres infernales.

Es posible purificar cualquier acto negativo si sentimos arrepentimiento y nos determinamos a no reincidir en él. El arrepentimiento elimina todo lo negativo mientras que el odio elimina todo lo positivo.

Las emociones aflictivas

Las enseñanzas budistas dividen a nuestro enemigo principal en dos: seis emociones aflictivas raíz y veinte emociones aflictivas secundarias. Para explicarlo brevemente, emoción aflictiva, en tibetano *nyo mo*, supone un estado mental que altera la estabilidad y la paz de la mente. Las seis emociones aflictivas raíz son:

1. El apego.
2. La aversión.
3. El orgullo.
4. La duda.
5. La ignorancia.
6. Las visiones engañosas:
   a. La visión de lo compuesto y transitorio.
   b. La visión extrema.
   c. Sostener visiones erróneas como supremas.
   d. Sostener disciplinas espirituales incorrectas como supremas.
   e. Visión errónea.

Las veinte emociones secundarias son ramificaciones de las emociones aflictivas raíz y todas, sin excepción, aparecen dependiendo de causas y condiciones. Vasubhandu en el *Abhidarmakosha* dijo:

No hemos abandonado las emociones aflictivas;
residimos en un lugar donde podemos desarrollarlas;
no tenemos rectitud en relación a ellas.
Estos tres son los causantes del desarrollo de las
emociones aflictivas.

La noble verdad de la cesación

La noble verdad de la cesación se refiere al estado de paz que experimenta un Arya, cuando erradica sus emociones aflictivas por medio de la verdad del sendero. "Cesación" significa ausencia de toda emoción aflictiva en la mente. No obstante, antes de llegar a este elevado objetivo, podemos experimentar distintos grados de cesación. Por ejemplo, si estamos a punto de ser presa de la envidia o del odio y, gracias al uso del regocijo o de la paciencia, lo evitamos, estaríamos experimentando la cesación temporal de dichas emociones aflictivas.

La visión distorsionada del yo es el lugar donde se sustentan el apego, el odio y todos sus derivados y, una vez eliminada, experimentamos la cesación del sufrimiento. La ignorancia que se aferra a lo autoexistente se enfoca en el yo –que existe–, pero considera que dicho yo tiene una existencia intrínseca. Aunque un yo intrínseco es una ficción, la creencia que tenemos en él es real y constituye la base de donde surgen todas las emociones aflictivas.

Para eliminar, de modo definitivo, las emociones aflictivas es preciso ir a la raíz que las sustenta: la ignorancia que se aferra a lo autoexistente –un estado de consciencia erróneo que percibe y concibe la realidad de manera incorrecta–. A pesar de que los fenómenos existen de manera dependiente, los percibimos y concebimos como si existiesen de manera independiente. Para transformar esta percepción debemos desarrollar la sabiduría que comprende la vacuidad. Para ello, uno debe estar dispuesto a dedicar tiempo a estudiar este tema como se expone en los textos budistas: *Senda de Luz* o *Rayos de Sol,* el capítulo noveno de la *Guía a la Forma de Vida de un Bodhisatva,* el *Sutra del Corazón de la Sabiduría* y el *Madhyamakavatara.*

La verdad de la cesación está relacionada con la comprensión de la vacuidad, que es el antídoto a la visión deformada que tenemos de nuestro yo y de los fenómenos.

Hay cuatro pasos que nos deberían animan a perseguir la cesación completa:

1. Comprender que las emociones aflictivas y el sufrimiento son transitorios.
2. Comprender que hay métodos para tratarlos.
3. Comprender que estos métodos están disponibles.
4. Comprender que nosotros mismos podemos usar dichos métodos.

La noble verdad del sendero

La última noble verdad consta de cinco senderos que debemos recorrer:

Sendero de acumulación.
Sendero de preparación.
Sendero de la visión.
Sendero de la meditación.
Sendero de No Más Aprendizaje.

Los practicantes que están en el sendero de acumulación y preparación son seres ordinarios porque aún no han percibido la vacuidad directamente. Ésta se experimenta a partir del sendero de la visión y uno se convierte en un Arya; se tiene una experiencia directa de la vacuidad del yo y de los fenómenos.

Estos cinco senderos son la síntesis de los tres adiestramientos superiores: ética, concentración y sabiduría.

Los cuatro aspectos de la
verdad del sufrimiento

Cada una de las nobles verdades consta de cuatro aspectos que nos ayudan a eliminar las correspondientes concepciones erróneas de la realidad que, de un modo u otro, todos tenemos.

Las cuatro concepciones erróneas relativas a la verdad del sufrimiento son:

Creer que los agregados contaminados son estáticos.
Creer que los agregados contaminados tienen una naturaleza agradable.
Creer que los agregados contaminados son limpios y puros.
Creer que los agregados contaminados existen de modo inherente.

Los cuatro aspectos de la verdad del sufrimiento son los siguientes:

Transitoriedad.
Sufrimiento.
Vacío.
Ausencia de entidad inherente.

Transitoriedad

El Buda explicó en muchas ocasiones que los fenómenos son transitorios. Si no somos conscientes de ello persistiremos en la creencia de que la muerte está lejos y siempre retrasaremos el momento de empezar la práctica de Dharma. Vvimos con la creencia innata y sin fundamentos que nos hace pensar: "hoy no me moriré", "mi muerte está muy lejos". Un famoso verso del *Bodhisatvacaryavatara* nos anima a empezarla *antes* de que los sepultureros nos transporten a nuestra última morada.

Tanto la primera como la última enseñanza que impartió el Buda se referían a la transitoriedad porque, comprender este hecho, nos anima a iniciar y a completar la práctica espiritual. En el *Sutra del Gran Nirvana* Buda dijo:

De todas las labranzas sembradas en el suelo,
la suprema es la de otoño.
De toda las huellas que se dejan en el suelo,
la del elefante es la suprema.
De todos los pensamientos que pueda tener una persona,
los pensamientos de la transitoriedad y la muerte son los
mejores, ya que éstos son los pensamientos que eliminan el
apego, la ignorancia y el orgullo de los tres reinos.

La definición de transitoriedad es "aquello que cambia momento a momento". Cuando nos encontramos con un amigo, estamos convencidos de que es idéntico al que vimos ayer o el año pasado cuando, en realidad, no ha dejado de cambiar ni un solo instante.

La transitoriedad burda se refiere a los cambios visibles —un vaso que se rompe, una pareja que se separa, la muerte…–. La transitoriedad sutil se refiere al cambio que sucede en todo fenómeno, momento a momento, y que es difícil de percibir directamente. No obstante, es posible verla con el ojo de la mente: la inferencia[23].

Nos relacionamos con nuestros padres, familiares, amigos y con el mundo en general, gracias a nuestro cuerpo y, puesto que tarde o temprano será enterrado o incinerado,

---

23. Para una breve explicación de la inferencia ver página 19 de este libro.

un día u otro dicha relación cesará por completo. Después, una parte sutil de la mente se mantendrá. Aunque nuestro cuerpo proviene de los padres y es temporal, éste no es el caso de la mente que es una continuidad de la que teníamos en vidas pasadas.

Lo único que nos podemos llevar con nosotros es la energía positiva o negativa de todos los actos cometidos. Debemos prepararnos *ahora* para experimentar un futuro mejor, y la tarjeta de crédito necesaria para disfrutar de la felicidad, tanto en el presente como en el futuro, es implicarse en actividades positivas y abandonar las negativas.

Los segundos, los minutos, las horas y las semanas van pasando. Su paso nos acerca a la muerte. La vida es como el agua que cae de una gran montaña, desde la distancia parece sólida pero, cuando nos acercamos a ella, constatamos que cae ininterrumpidamente y que nunca vuelve a su lugar de origen.

Haz un recuento de aquellas personas de las que hoy sólo quedan sus nombres y sus obras: reyes, políticos, artistas, científicos, yoguis, eruditos, intelectuales, hombres, mujeres. Tú mismo eres transitorio, hoy estás sano pero mañana puedes enfermar y pasado mañana estar en el cementerio.

Sufrimiento

A pesar de que la naturaleza del cuerpo y los placeres conlleva dolor, estamos convencidos de lo contrario. Muchos pensamos: "Oh, ahora no sufro de ninguna manera", pero esta afirmación solo demuestra que no se ha identificado con precisión lo que es, realmente, el sufrimiento.

Para comprobar que tanto el cuerpo como los placeres son, en última instancia, desagradables, pensemos en las siguientes afirmaciones del Buda:

Todo lo que nace, muere.
Todo lo que se acumula, se pierde.

Todo lo que se junta, se separa.
Todo lo que asciende, desciende.

Los dos primeros son obvios. La separación a la que alude la tercera afirmación "todo lo que se junta, se separa", puede ser de dos tipos: temporal o última. *La separación temporal* es la que acontece a lo largo de esta vida. Por ejemplo, aunque en estos momentos podamos estar rodeados de nuestra esposa o esposo, hijos y amigos, muy a pesar nuestro nos tendremos que separar de ellos. Cuando los hijos crecen, se independizan, y aquel ser que dependía exclusivamente de nuestro cuidado y consejos ya es un hombre o una mujer con su propio hogar, quizás muy lejos del nuestro. *La separación última* es la que ocurre al morir.

Vacío

Aquí, vacío, tiene que ver con la idea errónea que tenemos de que, en nuestro cuerpo y mente reside una entidad estática, indivisible y singular. En nuestra cultura la hemos llamado también "alma", "ser" o "yo": algo que existe aparte del cuerpo y de la mente y que nos trascenderá una vez muertos. Es una identidad personal que, a nivel último, es distinta e independiente del cuerpo y mente de los que consta la persona. Según el análisis de las distintas escuelas budistas, ésta es una idea adquirida al seguir creencias teístas. Ellas consideran que este "ser", "yo", "identidad personal" o "alma" es un fenómeno estático, a pesar de que el cuerpo y la mente son transitorios; es indivisible, a pesar de que el cuerpo y la mente son compuestos; y es singular, a pesar de que el cuerpo y mente constan de muchas partes.

Podemos usar una analogía clásica. En nuestra concepción habitual de la relación entre el "yo" y los agregados (cuerpo y mente), a menudo tenemos la sensación de que el "yo" es el amo que tiene como súbditos al cuerpo y a la mente; el yo es como un rey retirado en su castillo que, a la vez, tiene bajo control a sus esclavos. Se refuta un yo, una identidad personal o "alma" con estas características. Darse cuenta de que un fenómeno con estas características es inexistente sería entender una vacuidad muy primaria pero importante. Si meditamos en la transitoriedad sutil de nuestro cuerpo y nuestra mente llegaremos a ver que una entidad con estas características no es más que una ficción de la imaginación.

Según alguna escuela de filosofía budista, el yo, nuestra identidad personal, es meramente una combinación de fenómenos físicos y mentales que no dejan de cambiar ni un solo instante.

Ausencia de existencia inherente

En el budismo hay cuatro escuelas filosóficas que interpretan el concepto del vacío de manera diferente pero complementaria.

En este contexto, "ausencia de entidad inherente" se refiere a la inexistencia de un "yo", un "ser", una "identidad personal" en el conjunto del cuerpo y la mente, que sea auto-suficiente, que pueda existir *sin depender* de ellos. En general, nada existe sin depender de otras causas o condiciones.

En el punto anterior, *vacío*, negábamos una identidad personal, un "yo" singular, permanente y *completamente* independiente del cuerpo y de la mente. Ahora refutamos una identidad personal que está vinculada con nuestro cuerpo y nuestra mente pero que, a la vez, es autosuficiente o sustancial.

Ausencia de existencia inherente alude a un vacío más refinado y sutil que el anterior. Instintivamente sentimos que, por supuesto, no existimos *totalmente* separados del cuerpo y de la mente pero, aún así, tenemos la sensación de que ellos están bajo nuestro control. No sería una relación como la que existe entre un rey y sus súbditos sino como la que se da entre un gerente ejecutivo y los oficinistas a su cargo. A pesar de que el gerente también es un trabajador, de *algún modo,* se siente especial y distinto ya que da órdenes a los que tiene a su cargo.

Los postulantes de la ausencia de existencia inherente, caen en el error de señalar a alguno de los agregados como "yo", "ser". Algunos proponen que el "yo", "el ser", es el conjunto del cuerpo y mente, otros sostienen que es sólo uno de ellos. Para la escuela Prasangika Madhyamika, en cambio, no hay ningún componente de nuestros agregados a lo que puedas señalar como "identidad personal" intrínseca.

Usamos estas dos visiones erróneas de nuestra identidad personal como puntos de referencia para establecer lo que creemos ser cuando, en realidad, no son más que ficciones. Desde la perspectiva Prasangika Madhyamika, comprender estas dos visiones erróneas prepara el camino para comprender que, detrás de ellas, existe otra aún más refinada y que es la raíz de todo malestar: aferrarse a un yo autoexistente o intrínseco.

Los cuatro aspectos de la
verdad del origen

L as cuatro concepciones erróneas relativas a la verdad del origen son:

El sufrimiento no tiene causas.
El sufrimiento es producido por una causa externa.
El sufrimiento es causado por un Creador.
El sufrimiento es permanente.

Los cuatro aspectos de la verdad del origen que los contrarrestan son:

Causa.
Origen.
Producción poderosa.
Condición y circunstancias del sufrimiento.

Existen filosofías que sostienen que el sufrimiento aparece sin causa alguna o por el poder de un Dios todopoderoso y estático. Según el budismo, cualquier malestar que los seres experimentamos tiene sus propias causas, un proceso de producción, así como unas condiciones y circunstancias que lo producen.

La *causa* y el *origen* del sufrimiento son el karma y las emociones aflictivas. También son un *productor poderoso* del malestar, ya que siempre lo producen. El karma y el ansia son *condición y circunstancia* del sufrimiento porque, como cualquier fenómeno transitorio, actúan como causa secundaria para producirlo. Los budistas sostienen que todo fenómeno depende de sus propias causas. Las emociones aflictivas y el karma no son permanentes porque dependen de causas y condiciones. Al ser causa producen sus propios resultados y actúan como condición secundaria para generar sufrimiento.

Los cuatro aspectos de la verdad de la cesación

Las cuatro concepciones erróneas relativas a la verdad de la cesación son:

Creer que la liberación no existe.
Creer que estados contaminados son liberación.
Creer que la supresión temporal de emociones
aflictivas es la liberación suprema.
Creer que emociones aflictivas previamente erradicadas
pueden regresar.

Los cuatro aspectos que los contrarrestan son:

Cesación.
Pacificación.
Excelencia.
Emergencia definitiva.

Cesación, liberación del sufrimiento y Nirvana son sinónimos. Liberarse del sufrimiento no es una quimera y darse cuenta de que esta posibilidad existe para cada uno de nosotros, es el antídoto a la creencia errónea de que la liberación no existe. La *cesación* es un estado interior en el que nunca más experimentaremos dolor, es la ausencia completa de emociones aflictivas y de karma contaminado. Algunos creen que llegar al Cielo (que, en términos budistas, sería "la cima de la existencia cíclica" producida por estados de profunda concentración), es la liberación, pero esto es un error porque tan solo es un estado sublime caracterizado por el adormecimiento de toda emoción aflictiva y no por su erradicación. Es mejor utilizar la concentración para generar la sabiduría que comprende la vacuidad ya que, sin ella, es imposible liberarse del samsara.

El antídoto a creer en "la cima de la existencia cíclica" es la verdadera *pacificación* o Nirvana, que tiene la cualidad de pacificar y eliminar el dominio de las emociones aflictivas de modo definitivo.

Creer que la cesación del sufrimiento es un lugar físico donde uno ha de llegar es un engaño intelectualmente adquirido y su antídoto es la *excelencia* del Nirvana, que es la fuente de salud y felicidad últimas.

Creer que una vez las emociones aflictivas son desenraizadas pueden regresar a enturbiar la mente es un error, su antídoto es la *emergencia definitiva*, denominado así porque el dolor ya no subsiste. En el capítulo de la rectitud, la *Guía* de Shantideva nos recuerda:

Cuando los enemigos ordinarios son desterrados,
se establecen en otro lugar para recuperar fuerzas
y regresar, pero el caso del enemigo principal, mis
emociones aflictivas, es diferente.

Cuando las emociones aflictivas sean apagados de mi
mente por el ojo de la sabiduría ¿dónde irán?,
¿de dónde vendrán para volver a perjudicarme?
Mi mente es débil y soy incapaz de esforzarme.

Cesación es la consumación completa de las emociones aflictivas y del karma. El Nirvana es la *pacificación* porque, en ausencia de emociones aflictivas, se encuentra la paz verdadera. Dicha paz es la *excelencia* o gozo porque uno está libre de sufrimiento. Cesación es la *emergencia definitiva* que, en este contexto, significa que ya no se volverá a experimentar ni karma ni emociones aflictivas.

Los cuatro aspectos de la
verdad del sendero

Las cuatro concepciones erróneas relativas a la verdad del sendero son:

Creer que no existe sendero a la Liberación.
Creer que la sabiduría que comprende la vacuidad no
es el sendero a la Liberación.
Creer que los senderos mundanos de concentración
son el sendero a la Liberación.
Creer que no existe un sendero que lleve a la
erradicación del dolor.

Los cuatro aspectos de la verdad del sendero son los siguientes:

Sendero.
Adecuado o consciencia del sendero.
Logro.
Libertad definitiva.

Sendero aquí se refiere al Óctuple Sendero Noble, propio de la tradición hinayana, o a los cinco senderos, propios de la tradición mahayana y caracterizados por la sabiduría que comprende la vacuidad. Es un *sendero* que conduce a la liberación. La firme creencia en un sendero erradica la visión errónea de pensar que no existe un sendero a la Liberación.

Lo *adecuado,* en otros textos traducido como "antídoto" o "consciencia", es la sabiduría que comprende directamente la vacuidad, el antídoto a la ignorancia.

La sabiduría que comprende la vacuidad es *logro* porque es el sendero sin errores que lleva a la Liberación. También es *libertad definitiva* porque destruye completamente la raíz del dolor: la ignorancia.

Existe un sendero, hay una conciencia que comprende el sendero y que es posible desarrollar, hay un logro a conseguir y una libertad definitiva que nos espera.

Percibir directamente la vacuidad es el *sendero* directo a la liberación; es *adecuado* porque dicha percepción elimina las emociones aflictivas. Es *logro* porque nos permite entender las etapas del sendero que nos liberan de las emociones aflictivas. Es *libertad definitiva* porque elimina de raíz las emociones aflictivas y el sufrimiento.

Es esencial recordar que existen dos elementos responsables de nuestros problemas: las emociones aflictivas y el karma. Para liberarnos del samsara es necesario despertar la sabiduría que comprende la vacuidad, el oponente a la ignorancia que se aferra a la existencia inherente. Pero sólo gracias a una buena concentración, la mente se puede fundir con la vacuidad, la ausencia de existencia intrínseca, sin intermediario conceptual. Llegados a este punto empieza el sendero de la visión. Muchos textos afirman que es difícil explicar, por medio de conceptos, la experiencia de la vacuidad a alguien que no lo ha experimentado; sería como explicar el sabor de la miel a quien no la ha probado.

No obstante, que la experiencia directa de la vacuidad sea inexplicable no significa que sea imposible de describir o definir. Lo que es inexplicable es lo que siente quien medita en la vacuidad, sin la ayuda de una imagen mental. Existen explicaciones para llegar a dicho estado. En primer lugar se escuchan y, posteriormente, se contempla y medita en ellas. Escuchar y contemplar son los padres que dan a luz una imagen conceptual clara de la vacuidad. Concentrarse repetidamente en esta imagen mental produce la percepción directa del vacío.

Tercera parte

Transformación y motivación

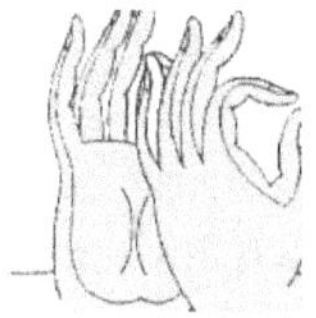

Transformación de la mente

Todo lo explicado hasta aquí conduce a sabias determinaciones: procurar disminuir la fuerza de las emociones aflictivas, vigilar nuestros actos y apreciar el deseo de salir del samsara y alcanzar el Nirvana, la renuncia. Pero el sendero no concluye aquí, uno de los beneficios de la renuncia es que produce el despertar de la mente compasiva, cuya forma de expresión más elevada es la bodhichita, el corazón del budismo mahayana.

La esencia del sendero mahayana se encuentra en los textos de *lo yong,* un grupo de enseñanzas transmitidas por Atisha (982-1054) a sus seguidores tibetanos. Él mismo emprendió un viaje de once meses, desde la India hasta Indonesia, para recibirlas de Lama Serlingpa. A partir de Atisha, y hasta el día de hoy, estas preciosas enseñanzas se han transmitido ininterrumpidamente. Hasta el siglo doce, estas instrucciones se practicaron de modo secreto debido a su elevado y precioso contenido.

Lo puede traducirse como mente, actitud, o modo de pensar; y también se puede aplicar a los sentimientos del corazón. *Yong* es adiestramiento, entrenamiento, familiarización. Estas instrucciones pretenden cambiar lo que sentimos en nuestro corazón y transformar la mente.

Una de sus líneas introductorias reza así:

Son como un diamante,
como el sol y como un árbol medicinal.

Las instrucciones del *lo yong* son como un *diamante*. Una gema preciosa podría colmar nuestros deseos y, en el caso de romperse en pedazos, cada uno de ellos seguirá siendo valioso. Esta analogía nos indica que si practicamos todas las instrucciones que encontramos en el *lo yong*, despertaremos la bodhichita y llegaremos a la Iluminación; pero sólo practicando una parte de ellas obtenemos también grandes beneficios.

Son como un *sol* porque, al igual que sus primeros rayos disipan la oscuridad de la noche, si practicamos todas las instrucciones que se encuentran en un texto de *lo yong*, eliminamos la oscuridad provocada por el egoísmo y las emociones aflictivas. Y, si solo practicamos unas pocas de ellas, al menos, lograremos disminuir su fuerza.

El *árbol medicinal* mencionado aquí es un árbol mitológico con poder para curar todo tipo de enfermedades. El *lo yong* cura cualquier tipo de distorsión mental y nos capacita para obtener la Iluminación. Y, si practicamos solo una parte de estas enseñanzas, reduciremos considerablemente la fuerza de las emociones aflictivas.

El primer paso para seguir estas profundas enseñanzas consiste en cuatro contemplaciones:

1. Valorar la capacidad que poseemos para transformar nuestra mente y sentirnos afortunados por encontrarnos en esta privilegiada situación.
2. Darnos cuenta de la fragilidad de nuestra preciosa existencia. Esto nos impulsará a poner en orden nuestras prioridades: no tenemos mucho tiempo, éste pasa velozmente y podemos llegar a la muerte con las manos vacías, sin un guía que ilumine nuestro viaje posterior.

3. Comprender el sentido de la palabra *dukkha*, insatisfacción, dolor, pena, ansiedad, angustia, problemas físicos y mentales cuya causa principal son nuestros propios actos.

4. Reconocer que todo dolor y malestar tiene sus causas principales en nuestros actos y emociones aflictivas. En consecuencia, procuraremos ejercer una fuerte atención para practicar lo positivo y eliminar lo negativo.

Con la ayuda de estos preliminares creamos el espacio interior necesario para que crezca y madure la *bodhichita*: el deseo de llegar al estado de Buda para beneficiar a los demás. La bodhichita surge de la *gran compasión*: el deseo de que los seres se libren del sufrimiento. Y del *amor*: el deseo de que los seres sean felices. Este, a su vez, surge al ver las *desventajas del egoísmo*, las *ventajas de estimar a los demás* y *reconocer su amabilidad*. Una vez poseemos estos deseos tan especiales, estamos listos para poner en práctica uno de los puntos más esenciales de todos los textos de *lo yong*: transformar las circunstancias adversas de la vida en el sendero espiritual. Viene ilustrado con esta frase:

Los tres objetos, los tres venenos y las tres raíces de virtud son la instrucción breve durante el logro posterior.

Estas líneas nos dan la clave para transformar las circunstancias adversas en el camino a la Iluminación. Explican que la vida de un Bodhisatva –alguien que desea alcanzar la Iluminación para beneficio de todos los seres–, se divide en periodo de meditación y periodo después de la meditación o "logro posterior".

¿Cuáles son "los tres objetos"? Las personas, las cosas y las situaciones agradables, desagradables y neutras.

¿Cuáles son "los tres venenos"? El apego, la aversión y la ignorancia.

¿Cuáles son "las tres raíces de virtud"? El desapego, la no aversión y la no ignorancia.

La idea es clara: a lo largo del día nos encontramos con situaciones, objetos o personas que estimulan las tres emociones aflictivas y éstas no tienen otra función que oscurecer, alterar nuestra mente y apartarnos de la realidad. A partir de ahora, frente a cualquier situación debemos tratar de despertar las tres raíces de virtud: el desapego, la no aversión y la no ignorancia. La teoría es fácil pero ponerlo en práctica resulta más difícil.

Los tres venenos suelen aparecer como respuesta a nuestras sensaciones. La sensación es un factor mental que está en nuestro interior en todo momento; es la experiencia agradable, desagradable o neutra en relación a los objetos con los que nos encontramos. Su función es hacernos reaccionar con uno de los tres venenos —apego, aversión o ignorancia—.

Así, cuando aparece una sensación desagradable, solemos responder con ira o aversión; si se trata de una sensación agradable, lo haremos con apego; y, si es neutra, con ignorancia. Reaccionamos de modo automático porque la sensación nos condiciona, pero ejerciendo una buena dosis de atención, podremos aplicar un antídoto específico para evitar los tres venenos.

No obstante, en muchas ocasiones no lograremos detectar la sensación y seremos presa de alguna emoción aflictiva. ¿Qué hacer en este caso? ¿Desesperarnos por nuestro fracaso? Ni hablar, este sería un modo perfecto de reforzar las sensaciones desagradables y de incrementar la aversión y el odio. En realidad, *cuando fallamos es el mejor momento* para transformar las circunstancias desfavorables en un camino de crecimiento espiritual. Aprovechemos nuestra aversión, enfado o apego, para pensar del siguiente modo:

¡Que esta aflicción que experimento ahora sea causa
de que las aflicciones de todos los seres maduren en mí!
¡Que ellos se libren de estos venenos!

El dolor y el malestar tienen su origen en la mente y, trabajando con ella, lo podemos remediar. En general, la aversión, el apego, la envidia, el ansia, la depresión y demás, son circunstancias desfavorables pero, si usamos nuestro pensamiento para comprender que también atacan a los demás, mejorará nuestra compasión y nuestro amor. Si reforzamos esta manera de practicar, con el tiempo, llegaremos a usar cualquier emoción aflictiva o circunstancia adversa como método para despertar amor, compasión o comprensión de la realidad: habremos transformado algo negativo en una bendición.

Cada vez que nos enfrentemos con adversidades podemos pensar:

1. Esta situación es resultado de mis actos negativos previos.
2. Si no puedo hacer nada para evitar este dolor es mejor usarlo para mi desarrollo espiritual, pensando así: "que este sufrimiento que experimento ahora sea causa para que los demás se libren de él".

Acostumbrarnos a pensar de este modo es un método poderoso para acumular energía positiva y poder superar cualquier dificultad. Aristóteles solía decir: "En la prosperidad, el saber sirve de adorno y, en la adversidad, de refugio".

Muchos textos de *lo yong* concluyen así:

El significado de este texto debería conocerse.

Estas palabras nos recuerdan que, para tener una experiencia de la validez de estas instrucciones, debemos ponerlas en práctica en la vida cotidiana. Un templo precioso y limpio no es muy importante, el verdadero templo está en la propia mente y las mejores estatuas que podemos poseer son el amor y la compasión.

La motivación

La calidad de nuestra práctica espiritual depende de la intención con que la hacemos. Según Lama Tsong Khapa, si la motivación es buena, el sendero que uno sigue también lo será. Con buena motivación, todo lo que uno haga se convertirá en Dharma. Podemos hablar de motivación mundana y espiritual. La motivación mundana es la que nos impulsa a vivir teniendo en cuenta, *únicamente,* el corto espacio de nuestra vida. La motivación espiritual tiene como base principal el bienestar en las vidas futuras y puede abarcar tres niveles: inicial, medio y superior.

La motivación inicial es la que trabaja con vistas a conseguir, en las vidas futuras, una situación similar a la actual –gozar de un perfecto renacimiento humano–. Con la motivación media, uno anhela liberarse del samsara. La motivación superior es la aspiración de llegar a la Budeidad para beneficio de los demás.

El tipo de motivación que debemos generar en todas nuestras actividades es la mencionada en último lugar y, aunque actualmente no la tengamos, despertarla artificialmente nos permite acumular mérito y acercarnos a la real. Al generar la motivación más elevada, se consiguen también los frutos de las motivaciones inferiores. Mi Maestro, Gueshe Tamding Gyatso, ponía como ejemplo al granjero que siembra semillas de melocotoneros: no lo hace pensando en obtener el tronco, las ramas y las hojas pero, cuando los melocotones aparecen, también habrá surgido el tronco, las hojas y el resto. Trabajar para beneficio de los demás reporta todo tipo de beneficios para uno mismo.

La forma de pensar budista nos ayuda a comprender que todo depende de la mente y que las adversidades son producto del propio karma. Esta comprensión nos evita mucha angustia y desesperación.

La enseñanza de Buda se puede sintetizar en tres adiestramientos: ética, concentración y sabiduría. La práctica de la ética consiste en refrenar los actos negativos de cuerpo, palabra y mente. Esto facilita tener una buena concentración que, a su vez, nos ayuda a despertar sabiduría. Practicamos ética porque estamos convencidos de que nuestros actos dejan semillas en la mente las cuales determinan qué tipo de realidad nos encontraremos a diario y cómo la experimentaremos. Las causas que han hecho posible que gocemos ahora de un cuerpo humano son los actos virtuosos de nuestras vidas previas. Los Gueshes kadampa de antaño solían decir:

> Si quieres saber lo que hiciste en el pasado mira tu cuerpo presente, si quieres saber lo que serás en el futuro, mira tu estado mental presente.

Existen dos tipos de desarrollo personal que podemos emprender: físico y mental. Aunque mediante el ejercicio físico podemos mejorar ciertas facetas corporales, éste tiene unos límites muy definidos. El adiestramiento de la mente, en cambio, es ilimitado ya que, con esfuerzo, siempre se puede mejorar.

La mejor manera de practicar Dharma es tener un enfoque amplio y no esperar resultados inmediatos; los buenos resultados casi siempre se producen a medio y largo plazo. Aunque esperar un resultado rápido de la práctica sea irreal, ésta es la tendencia habitual y, si los resultados no aparecen pronto, nos desanimamos. Practicar con estas expectativas denota una perspectiva estrecha. En realidad, un signo de que la práctica del Dharma empieza a florecer es que uno no se descorazona al saber que la Iluminación puede estar muy lejos.

Aunque existen diversas escuelas budistas –zen, tibetana, tailandesa, coreana, vietnamita– todas tienen en común dos puntos: punto de vista filosófico y acción. El punto de vista filosófico se refiere a la relación dependiente; la acción es la no violencia. Quien, *voluntariamente,* perjudica a los demás no sigue la enseñanza budista, aunque sea un experto en escrituras. El budismo puede resumirse en tres prácticas esenciales y quien las practica se convierte en sustentante de la enseñanza de Buda:

No cometer actos negativos.
Acumular actos positivos.
Tener la mente bajo control.

www.ingramcontent.com/pod-product-compliance
Lightning Source LLC
LaVergne TN
LVHW010654200726
843507LV00011B/1859